M&Aと
統合プロセス
人事労務ガイドブック

特定社会保険労務士
佐藤 広一 著

労働新聞社

はしがき

　昨今、事業承継問題が顕在化している中で、大企業だけでなく中小企業においてもM&A（企業の合併・買収）がひとつの解決策として挙げられることが増えています。すなわち、後継者がいないことを理由に、他企業に自社の株式を譲渡する、合併を模索する、事業を譲渡する、会社を分割するなどのニーズが高まっているのです。

　M&Aを実施する場合、買い手企業は売り手企業について、企業価値を評価するとともに、コンプライアンス体制の内容精査や潜在債務の有無などのリスクを調査します。これをデューデリジェンス（以下、「DD」）といい、組織やビジネスモデルなどを調査するビジネスDD、財務内容などからリスクを把握する財務DD、定款や登記事項などの法的な事項をチェックする法務DDなどがあります。

　これまでは、公認会計士や弁護士などの専門家がDDの主たるプレーヤーとされてきましたが、近年では、労使間トラブルや労務環境・就労状況の善し悪しがM&Aに大きな影響を及ぼすことが指摘されていることを背景に、社会保険労務士が労務DDの役割を担う重要なプレーヤーに数えられるようになっています。

　労務DDでは、雇用区分に応じた人員構成の全体把握、未払い残業手当などの簿外債務の存在、労働法規の遵守状況の確認、労働組合との関係性などが調査されます。労務DDによって違法な運用・取扱いや簿外債務などが可視化された場合、買い手企業は売り手企業に対して当該瑕疵の是正・改善を求めるか、あるいはそれらを甘受する代わりに買収価格の値下げを要請するなどの対応を取り、基本合意契約書等に織り込むことになります。

　とりわけ、人事労務の領域では、就業規則等の書面調査だけでは労務リスクを可視化することに限界があり、実査を通じてHRや現場のマネジャークラスに対してインタビューを行うこともあります。

また、M&Aでは株式譲渡、合併、会社分割、事業譲渡などの各スキームによって労働者の異動手続きが異なります。株式譲渡の場合は、株主が変わるだけであって労働者に法的な変化は生じませんが、大株主が変わることによって経営陣や経営方針などに影響が及び、リストラや労働条件の不利益変更問題に発展する場合があります。合併の場合は、二つ以上の会社の一部または全部が解散し、解散会社の権利義務の全部が存続会社（新設会社）に包括承継されるため、人事制度や就業規則がパラレルに存在するなど一国二制度問題に陥ります。会社分割は、事業の一部を切り離して新会社として独立させたり、他の企業に承継させるものであり、労働契約承継法の適用を受けることになります。事業譲渡の場合は、会社の事業を第三者に譲渡（売却）し契約関係を締結しなおす必要があるため、労働契約においても個別に合意を取り付けていく必要があります。

　さらにいうと、実際にディールが完了した後にPMI（Post Merger Integration）という重要なミッションがあります。PMIは、M&A成立後の統合プロセスのことであり、新しい組織体制の下で当初企図した経営統合によるシナジーを具現化するために、企業価値の向上と長期的成長を支えるマネジメントのしくみを構築、推進するプロセスの全体を指します。人事労務領域では、いつまでも一国二制度のままにしておくとシナジーが生まれないことから、労働条件の統一化を図る必要があるほか、M&Aによって膨れ上がった人員を削減しなければならないケースも出てきます。M&Aというととかく DD に脚光が当てられますが、人事労務領域では PMI に多くの力量を要し、PMI 次第で M&A の成否が決まるといっても過言ではないといえます。

　本書は、M&Aシーンにおける人事労務領域にスポットを当て、スキームごとに人事労務パーソンが留意しなければならない役割やミッションをできる限り噛み砕いて執筆したものです。労務DD、スキームごとの異動手続き、PMI をそれぞれ網羅的に記載しておりますので、M&Aのプロセスにおいて

フェーズごとに着眼するべき点を確認することができると思います。
　本書を活用することでディールが円滑に進み、大切な経営資源である「ヒト」の領域においてシナジーを発揮することができれば望外の喜びです。

　なお、本書の執筆に当たり、取材協力させていただいた菱田秀則様、労働新聞社出版事業局の伊藤正和様に深謝申し上げます。

　令和元年 初秋

ＨＲプラス社会保険労務士法人
代表社員／特定社会保険労務士　佐藤 広一

目　次

第1章　組織再編とM&Aの基礎知識　……………………………………… 7

　⑴ 中小企業における組織再編とは？ ………………………………………… 8
　⑵ 組織再編の典型例としての「持株会社化」の手法 …………………………10
　⑶ 中小企業のM&Aとして増えてきた事業の第三者承継………………………13
　⑷ M&Aの典型例としての「株式譲渡」の手法………………………………15
　⑸ M&Aにおける増資のしくみを理解する……………………………………19
　⑹ M&Aにおける合併のしくみを理解する……………………………………22
　⑺ 吸収型と新設型がある「会社分割」のしくみ ……………………………24
　⑻ 「株式移転」とはどのような手法か …………………………………………27
　⑼ 「株式交換」とは、どのような手法か ………………………………………30
　⑽ 「事業譲渡」とは、どのような手法か ………………………………………32
　⑾ M&Aの手法を整理してみよう………………………………………………34

第2章　M&Aシーンで求められる社会保険労務士 ……………………37

　⑴ 組織再編・M&Aのスケジュール感を押さえておこう ……………………38
　⑵ デューデリジェンスとは、どのような行為か ……………………………41
　⑶ 重要性が増してきた労務デューデリジェンス ……………………………44
　⑷ 労務デューデリジェンスで重要な3つの視点 ……………………………48
　⑸ 就業規則など諸規程の監査の進め方…………………………………………50
　⑹ 労働時間管理・未払い残業に関する監査の進め方の実際 ………………56
　⑺ 長時間労働に関する監査の進め方……………………………………………61
　⑻ 請負・派遣に関する監査の進め方……………………………………………64
　⑼ 重要な「ヒアリング」時の留意点……………………………………………66
　⑽ 実際の「労務コンプライアンス報告書」を確認してみよう ……………69

第3章　組織再編・M&Aと労働契約の取扱い …………………71

　(1)重要なのは「労働契約」がどう承継されるか …………………72
　(2)事業譲渡における労働契約承継の注意点 ………………………74
　(3)事業譲渡で買い手の会社が労働契約の承継を強制される場合もある ……77
　(4)事業譲渡後の労働契約承継のポイント …………………………79
　(5)会社分割での労働契約の承継ではどのような問題があるか …………81
　(6)承継事業に「主として従事している」とはどのようなことか …………84

第4章　組織再編・M&Aと労働契約承継法の勘どころ ………………87

　(1)労働契約承継法の手続きを踏むことの重要性 …………………88
　(2)7条措置とはどのようなことか ……………………………89
　(3)「5条協議」とはどのようなことか ………………………94
　(4)口約束はトラブルのもと！従業員への書面通知の重要性 …………99
　(5)組織再編・M&Aと転籍の関係を整理する ………………101

第5章　組織再編・M&Aの労務で最も重要な統合プロセス …………103

　(1)重要性が増すPMI（統合プロセス） ………………………104
　(2)M&AのPMIで重要な就業規則・規程類の調整 ………………105
　(3)労働条件の不利益変更にどのように対処していくか ……………107
　(4)労働条件の不利益変更と具体的なトラブル対処法 ………………111
　(5)PMIの重要ポイント──規定全体の整備とPMIのスケジュール ………113

資　料 ……………………………………………117

　資料1　労務コンプライアンス報告書の実例（一部省略）…………118
　資料2　管理職ヒアリング項目（抜粋）………………………129
　資料3　労務リスクチェックシート ……………………133
　資料4　給与規程（基本給支給細則）の調整例（抜粋）……………140
　資料5　一般的な企業の諸規程 ………………………146

第1章

組織再編と
M&Aの基礎知識

(1) 中小企業における組織再編とは？

　組織再編は、「会社という組織や形態を、従来のものから変更すること」です。典型例としては①合併、②会社分割、③株式交換、④株式移転といった方法があります。

4つの再編方法を定義する
　合併、会社分割、株式交換、株式移転それぞれについて一言で定義すると、**図1**のようになります。

図1　組織再編の方法

		再編のスタイル
①合併	複数の会社を、1つの会社に統合すること	吸収型・新設型
②会社分割	会社の事業を分割し、他の会社に移転すること	吸収型・新設型
③株式交換	会社が自社株式を対価とした株式とを交換しあうことで、他の会社を買収すること	吸収型
④株式移転	1つの会社または複数の会社がいわゆる○○ホールディングスといった持株会社（ホールディングカンパニー）をつくり、グループ経営を行うこと	新設型

　合併と会社分割の場合は、それぞれ、ある会社の事業を消滅させて別の会社に統合・移転する「吸収型」と、別の会社を新設して、その会社に事業を統合・移転する「新設型」があります。同様の意味でいうと、株式交換は吸収型であり、株式移転は新設型ということができます。
　ちなみに、会社が他の会社に事業を譲渡する事業譲渡のほか、株式会社から合名会社・合資会社・合同会社といった持分会社に変更する組織変更は、

会社法で規定された組織再編に含めません。ただし、特に前者は広くM&Aと捉えることもできます。

組織再編の主流は株式譲渡

組織再編は、まさに企業が行う「M&A（Merger and Acquisition）という行為・枠組みのなかで、会社法に規定された類型」という捉え方ができます。また、日本で行われているM&Aの多くが、その組織再編のなかの株式交換の1つの形態である「株式譲渡」という手法を活用して行われています。

ここで、中小企業における株式譲渡について触れておきましょう。

中小企業における株式譲渡とは、売却する企業（本書では「売り手の会社」もしくは「対象会社」と呼びます）のオーナーが保有株式を買収企業（本書では「買い手の会社」と呼びます）に譲渡し、譲渡することによって、会社の経営権を買い手の会社に譲り渡すことです（図2参照）。

図2　中小企業における株式譲渡

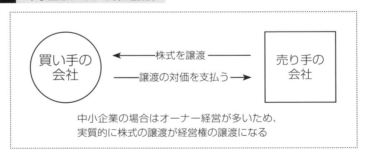

中小企業の場合はオーナー経営が多いため、実質的に株式の譲渡が経営権の譲渡になる

株式譲渡に限ったことではありませんが、契約書を交わしてM&Aの実務に取り組む際には、売り手の会社と買い手の会社の双方に税理士、公認会計士、弁護士、社会保険労務士、FA（フィナンシャル・アドバイザー）など、多くの人や業者が関わります。中小企業のオーナー社長が「M&Aを考えている」といった表現をするとき、買い手の会社・売り手の会社ともに、これらの関与者の支援を受けて、多くが株式譲渡という手法を前提として話を進めています。

(2) 組織再編の典型例としての「持株会社化」の手法

　中小企業のM&Aでは、組織再編の手法の1つである株式譲渡が主流ですが、中小でも規模の大きな会社、また、いくつもの事業を営んでいる会社を中心に持株会社化による組織再編も増えています。その手法についても触れておきましょう。

持株会社を設立し、傘下のグループ会社を統括する
　株式譲渡の場合は、売り手の会社（株式を譲渡する会社）と買い手の会社（株式の譲り受ける会社）が存在していました。ところが、持株会社化では、その売り手と買い手の関係が存在しません。
　持株会社化ではさまざまな事業を営んでいる1つの会社が、その事業の1つひとつを事業部といった部署ではなく会社組織にして、その会社組織の株式を所有する目的の会社を新たにつくるという手法で行います（**図3**参照）。
　また、持株会社化によって新たに生まれた持株会社のことを「ホールディングス」と呼びます。
　株式譲渡も同様ですが、持株会社化を実施する際には、税理士や公認会計士、弁護士、社会保険労務士など、多くの関与者の支援を受けます。加えて、上場会社の場合には手続きが複雑化するケースもあり、社内で組織再編のチームを設けたり、複数のファンドマネージャーが加わったりするケースもあります。
　ホールディングスによる再編というと大企業を想像しがちですが、最近では従業員100人規模の中小企業でも頻繁に行われています。たとえば、次のようなケースがあります。

図3　典型的な持株会社の手法

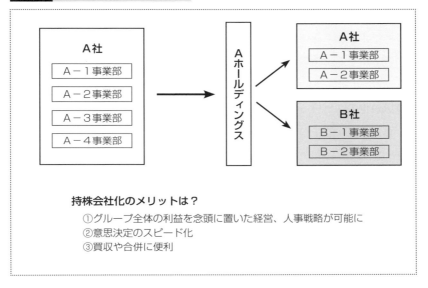

持株会社化のメリットは？
①グループ全体の利益を念頭に置いた経営、人事戦略が可能に
②意思決定のスピード化
③買収や合併に便利

> **ケース①**
> 複数の事業を展開している中小企業において、業績向上の意識が欠如した赤字の事業所が黒字の事業所に甘えてしまっている状況があった。その解決のために、すべての事業所を子会社化、いわゆる独立採算制にして、もとの会社はその子会社を束ねる持株会社になった。そのように組織再編することで、各事業所の危機意識を高めることに成功した。

持株会社のメリットとは？

　典型的な持株会社は、**図3**のように、「ホールディングスが傘下の事業会社の株式を保有することで、支配下に収める」というスタイルです。この持株会社には次のようなメリットがあります。

①グループ全体の利益を念頭に置いた経営、人事戦略が可能になる

　グループ会社の経営は持株会社が単独で行い、傘下企業の個々の利益よりもグループ全体で効率よく利益を得ることを第一に考えます。そのため、常にグループ全体の利益を念頭に置いた経営、人事戦略などが実施できます。

②意思決定のスピード化

　事業に関する権限はそれぞれの事業を行う企業に移譲し、持株会社はグループ全体に関わる意思決定に特化します。それだけに、グループ全体としてはスピードを要する戦略に対応できます。

③買収や合併の際に便利

　グループ内の各事業を分社化しているため、それぞれの事業の採算がはっきりします。したがって、不採算事業を売却したり新規事業へ参入したりすることが容易になります。

環境調査会社によるデューデリジェンスは行わないことが多い

　M&Aではさまざまな外部の人・業者が関わりますが、そのなかに、「環境調査会社」という会社もあります。そのM&Aについて、市場全体から対象企業を見る「外部環境分析」と、企業内の経営を見る「内部環境分析」を行う会社です（なお、このような環境調査・分析は「事業デューデリジェンス」と呼ばれています）。

　ただし、持株会社化の場合は、他社に事業を売却したり他社から買収したりするのではなく、自社を新しい形態につくり変えていくことが多く、その場合は、環境調査会社が加わらないことが多いようです。すなわち、組織再編といっても組織内で行う再編のことであり、あえて、事業デューデリジェンスは行わないということです。

(3) 中小企業のM&Aとして増えてきた事業の第三者承継

　M&Aとは、買い手の会社が売り手の会社の株式の譲渡を受ける方法（買収といいます）のほか、いくつかの会社が合体して1つになること（合併といいます）の総称です。そのM&Aによって、「いい会社、大きい会社に成長していきましょう！」と双方が約束するわけです。ちなみに"いい会社"になる効果を一般に「シナジー」と呼んでいます。

　このM&Aのうち合併や会社分割など会社法に規定された手法を、前述したように「組織再編」と呼んでいるわけです。

　そのようなM&Aの枠組みのなかで、もっとも多く見られる手法が前述した「株式譲渡」です。この手法は、単に会社の株式を売ったり買ったりすることであり、会社法での位置づけとしては「株式の売買」という捉え方になります。

　ところが、中小企業の株式は、取引市場に上場されていない非上場株式であることが多く、税務では「取引相場のない株式」といった言い方もします。そのため非上場会社の株式譲渡は、特定の計算式によって個別に株式の額を評価し、その額をもとにして株式譲渡などのM&Aを行うことになります。

最近は中小企業の第三者承継もM&Aの1つと捉えられている

　また、中小企業におけるM&Aとして最近増えてきたケースに、「第三者による事業承継（第三者承継）」と呼ばれるものもあります。中小企業における通常の事業承継は、先代がその子息に事業を継がせることですが、第三者承継は、それを第三者に継いでもらう手法のことです（**図4**参照）。

図4　中小企業の典型的な第三者事業承継のしくみ

```
         ┌──────────────────────┐
         │    後継者難のA社     │
         └──────────────────────┘
          譲渡対価 ↑    ↓ 株式譲渡
         ┌──────────────────────┐
         │         B社          │
         └──────────────────────┘
```
- B社は、会社とは限らず、個人の場合もある
- 商号はA社のまま変わらない場合もある
- 第三者ではなく役員陣への株式譲渡は、MBO（マネジメント・バイアウト）と呼ばれる

　昨今、中小企業の後継者難は深刻な社会問題になっており、その解決を図るべく事業承継税制など、税制面での優遇措置もとられるようになっています。第三者承継は、その後継者難の解決の1つとして、事業を子息でなく親族や第三者に承継してもらおうというもので、事業承継策としても注目を集めています。M&Aの形態としては、先代が経営していた会社の株式を第三者に譲渡することになります。

自社株の株価対策が逆になることもある

　一般に、中小企業の経営者がその子息に事業を承継する場合、相続税や贈与税の負担も考え、不動産や生命保険を活用して自社株の評価額を引き下げる対応をとります。ところが、一方の第三者事業承継の場合は、逆に、経営者の老後の資金確保などのため、自社株の評価額を高めることが望まれます。このように同じ事業承継であっても、打つべき手はまったく変わってくるのです。

　なお、第三者というのは、個人でも法人でもかまいません。どの場合でも株式の譲渡を受けるだけの資力があり、また、承継する事業が見込みのあるものかどうかなどの承継事業の見極めが重要であり、承継した事業を伸ばす熱意も重要になってきます。

(4) M&Aの典型例としての「株式譲渡」の手法

　では、あらためてM&A手法の主流である株式譲渡を詳述していきましょう。

　株式譲渡の手法を一言で説明すると、「売り手（会社の場合が多いが個人のケースもある）が持っている対象会社の株式を、100％買い手の会社に移す」ことです。

　中小企業のオーナー経営の場合、対象会社の株式のほとんどはオーナーが保有しているので、その場合の株式譲渡は「オーナーが買い手の会社に株式を譲渡する」ということになります。

　この手法で、**図5**のような事項について、対象会社をさまざまな観点から調査・確認していきます。その手続きは複雑多岐にわたることも多く、通常は売り手の会社・買い手の会社それぞれにプロジェクトチーム、もしくはタスクフォース（特定の目的・任務のために一時的に組織されるチーム）のような担当組織を組んで取り組みます。

　ここでは、売り手の会社・買い手の会社それぞれに関わる人を通して、株式譲渡の手法を見ていきましょう。

図5　株式譲渡における対象会社の調査・確認事項

調査・確認事項	分野
・株式の額をどう評価し、算定したらよいか	財務
・株式の譲渡に関わる税金はどのようになっているか	税務
・事業状況はどのように評価したらよいか	事業
・社員の労務上の対応は万全か	労務
・契約書などの帳票に不備はないか	法務

売り手の会社に関わる人たち

まず売り手の会社の関係者ですが、自分が売ろうとしている会社の株式の評価額などを調査するために、税理士や公認会計士が上記のチームに加わります。また、株式の売買契約を締結するために弁護士も加わります。

さらに、先述したフィナンシャルアドバイザーと呼ばれる人も加わります。

一般に、フィナンシャルアドバイザーは英語の Financial Adviser の頭文字をとって「FA」と呼ばれています（以下、FA と記す）。FA はその株式譲渡全体のスケジュール管理をはじめ、どの段階でどういう契約を交わしたり調査したりすべきかなどの手続き面について、売り手の会社の社長にインタビューし、買い手の会社との仲介役も果たします。

スケジュール管理1つとっても、実際の M&A の現場には多くの人が関わるので、日程調整だけでも大変なものです。それだけに、FA の優劣がその M&A の成否を分ける重要なポイントといえます。

FA の"出身母体"は、証券会社や監査法人が多いでしょう。証券会社や監査法人の社員が専門知識を身につけ、FA として活動しています。最近では、FA を専門としている会社もあり、その場合は一般に M&A 仲介業者と呼ばれています（M&A 仲介業者の場合は売り手の会社・買い手の会社双方の FA を兼ねる場合もあります）。なかには上場している会社もありますので、そのような状況を見ても、M&A において FA の重要性は高まっているといってよいでしょう。

買い手の会社の FA の役割と「環境調査会社」の存在

次に買い手側の会社の"登場人物"です。

買い手の会社も売り手の会社と同様に、株式の評価額などを調査したいので、税理士や公認会計士が加わり、また、契約の締結のために弁護士が加わります。

もちろん FA も加わるのですが、買い手の会社の FA は、売り手の会社の FA とは役割・立ち位置が少し異なります。その役割の1つに、売り手の会

社に「デューデリジェンス」を実施するために書類の提出を促したり、日程の要望を出したりしていく役割があります（**図6**参照）。デューデリジェンスとは、「売り手の会社の価値やリスクなどを調査すること」ですが、詳細は後述します。

図6　株式譲渡に見るM&Aのプレイヤーたち

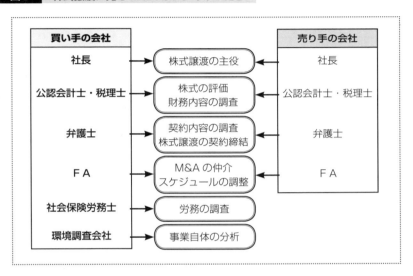

さらに買い手の会社には、「環境調査会社」が加わります。前述のように、環境調査会社の役割は、公認会計士や弁護士などと協力し、売り手の会社を構成している「カネ、ヒト、モノ、市場」などが問題のない状態にあるかどうかを中心に調査するのです。

問題がある状態というのは、たとえば「モノ」の観点でいうと、在庫が過多で、しかも銀行の担保になっていないかどうかといったことがあります。

なお、この環境調査会社については、たとえば工場のある売り手の会社を調査する場合、工場敷地の土壌汚染がないかどうかなどを調査するケースもあります。すなわち、環境調査会社と一口にいっても、調査領域による専門性が異なるのです。

一般的な株式譲渡では、「ヒト」の精査に留意する

　株式譲渡でも実際は個別性が強いのですが、一般論として買い手の会社が留意すべきことを挙げると、労務リスクがあります。実際にそのデューデリジェンスの際によく問題になるのが、未払い残業代です。

　たとえば売り手の会社に、その従業員に対する多額の未払い残業代があるとします。すると、売り手の会社は従業員に対して未払い残業代という債務を多額に抱えていることになります。株式譲渡によって売り手の会社の株主が新しく変わっても、その債務が引き継がれたままだと、買い手の会社の財務状況が悪化したり、企業価値が減少したりするおそれがあるのです。

　M&Aを進める場合の対応としては、売り手の会社に未払い残業代を精算してもらってから株式譲渡を行うか、未払い残業代という債務分だけ売り手の会社の価値を減額して買収するか、といったことになります。

　なお、この労務のデューデリジェンスを主導して行うのが、買い手の会社に加わる社会保険労務士です。

　このように株式譲渡はしくみこそシンプルですが、売り手の会社と買い手の会社それぞれでチームを組んで、さまざまな要素を加味しつつ株式の価値、対象会社の調査をしていきます。

(5) M&Aにおける増資のしくみを理解する

　増資とは、「経営の安定などを目的として、資本金を増やすこと」です。これも、資本金の額を増やすだけなら M&A とはいえませんが、手法によっては M&A の範疇に含まれます。中小企業においては他の人（会社）に株式を購入してもらい、増資する手法です。これは第三者割当増資とも呼ばれ、前述の組織再編によらない M&A の 1 つの手法といってよいでしょう。

　たとえば次のようなケースです。

> **ケース②**
> 　ある中小企業の株式について、A 社がその株式の 100％（60 株）を持っていた。そのとき、対象会社が資金難ながらも新規事業に取り組もうとした。だが、資金が足りなくなったため、新しく B 社に資金援助として 40 株を発行して買ってもらった。すると、対象会社の株式は 100 株で 100％になり、株式の持分は A 社が 60 株、B 社が 40 株で 6：4 の株主構成比になった。

　このような手法が増資を活かした M&A の基本的なスタイルで、一般的には資本参加・提携といった表現もされます。

株主間契約の内容に留意する

　ここでしっかり確認しておかなくてはいけないことが、株主間契約です。M&A における株主間契約では、主に次に挙げた事項が定められています（**図7**参照）。

図7　M&Aの増資で留意したい株主間契約の主な内容

①出資比率	どのような割合での出資になるか
②機関設計	取締役会や監査役・監査役会をどのように設置するか
③役員の選任・解任	それぞれの株主が一定数の取締役をそれぞれ指名できる規定
④重要事項の承認（拒否権）	会社が一定の重要な事項を決定する際に、少数派株主の同意を要する規定
⑤資金調達	会社の資金調達に関して株主に協力を求めるケースがある場合の規定
⑥剰余金の配当	持株比率に応じた配当を行うことなどの規定
⑦株主が保有する株式の譲渡	譲渡を制限する場合など、株式が特定の性格を持つ規定
⑧契約の解除・終了	株主間契約を解除もしくは終了する場合の規定

　株式会社は基本的に「資本多数決の原則」をとっています。すなわち、過半数の株式（資本）を所有していれば、累積投票を採用していない限りは、役員も含め全員を支配することができるという原則です。たとえば、A社が株式の60％を保有し、B社が40％を保有している先のケースでは、A社とB社の間でトラブルが発生したとき、A社が対象会社のすべての権限を支配することができるということです。

　この状態を防ぐのであれば、たとえば「役員が5人いるうちの2人はB社から出す」ということを、B社がA社との間で約束しなくてはいけません。このような約束を株主間契約において定めておく必要があるのです。

　また、取締役が3：2の割合だと、結局、経営方針の決定についても多数決で負けてしまいます。そうならないためにも、たとえば、「大きな設備投資の際にはB社の同意を得なくてはいけない」といったことも、この株主間契約に盛り込んでいくことができます。

特に増資によって株主が多数になり、かつ各株主の持株割合が少なく、一方、持株の多い株主が別にいるような場合は、M&Aの増資にあたって株主間契約を締結することが鉄則となっています。

対象会社の過半数株主になるのなら、株主間契約の話は不要！?

　この鉄則は逆に捉えることもできます。M&Aの増資において持株が過半数になる側の会社としては、「株主間契約の話は一切しなくてよい」ということもできるのです。株主間でトラブルが発生しても、原則に照らせば、過半数株主側が勝つことは明らかだからです。

　M&Aにおける増資では、明らかに過半数の株式を買う手法もあります。文字どおりの買収であり、それを増資によって行うということです。

(6) M&Aにおける合併のしくみを理解する

　合併とは買い手の会社と対象会社の法人格が一つに合体する手法です。合併をする場合には、買い手の会社が対象会社の株主に「何か」の対価を渡すことになります。この「何か」については株式が一般的ですが、2006年5月に施行された会社法では、「何でもよい」とされています。対価として相当であれば、現金でも商品券のようなものでもかまいません。
　オーソドックスに株式を対価として渡した場合、買い手の会社の株式を対象会社の株主が保有することになります。しかし、買い手の会社にはもともとの株主がいるため、株主が増えることになります。個別企業の事情によりますが、この点が合併のネックになるケースもあります。

合併という手法は実は使いづらい？

　実は、合併という手法はM&Aにおいて使われることはほとんどありません。先のように安易に株主が増えることの是非もあり、また、直接的な理由として買い手の会社が未払い残業代のトラブルに巻き込まれてしまう可能性があるからです。
　株式譲渡で未払い残業代の問題が発生した場合、従業員が訴える相手は、あくまで対象会社です。ところが合併だと、従業員は買い手の会社を訴えることができるのです。未払い残業代の問題1つとっても、買い手の会社にとって合併のほうがより深刻になってしまいます。
　ちなみに、M&Aにかかわらず、引き受けてしまった予期せぬ債務のことを「偶発債務」と呼んでいます（**図8**参照）。合併はこのような偶発債務を抱え込んでしまう可能性があるので、合併はM&Aの手法のなかでも避けられる傾向にあります。

図8　M&Aにおける偶発債務とは？

現時点では発生していないが、将来一定の条件を満たした場合に債務になる可能性のある債務

・債務保証
・係争中の損害賠償債務
・先物売買契約
・手形割引
・裏書譲渡

> 未払いの残業代や年金・退職金も偶発債務となり得る！

グループ内の組織再編では合併が頻繁に行われる

　合併は同じグループ内での組織再編の場合によく使われる手法です。同じグループ内であれば、組織再編する際に、それぞれの会社が持っている債務のほか合併にともなう懸念事項などもよく理解しているはずなので、スムーズにM&Aが進みます。偶発債務のような問題も起こりにくいのです。

　グループ内の合併の典型例は、子会社が全国に点在しているような場合、西日本エリアと東日本エリアのように2社に会社を合併して統合し、子会社の事業を整理するケースなどがあります。

　また、金融機関では対等合併が行われ、よくニュースなどにも取り上げられています。ですが、数としては限られ、一般的に「よく行われている」という性質の手法ではありません。実務上は「M&Aでは合併のケースは少ない」と理解しておくべきです。

(7) 吸収型と新設型がある「会社分割」のしくみ

　売り手の会社から会社分割を見てみましょう。その場合の会社分割は、売り手の会社が営んでいた事業を、買い手の会社が支払う対価と引き換えに買い手の会社に渡すという行為になります。このときの対価は株式でも現金でもその他のものでも、対価として相当であれば問題はありません。
　また、ここでいう事業とは、その事業を形成している「ヒト」「モノ」「カネ」「設備」など、すべてを包括したものとみなします。
　会社分割における「ヒト」、すなわち従業員に関しても、「包括承継」という制度が適用されます。上記のように事業全体を包括して承継するということです。会社分割によって渡す事業に従事している従業員の雇用形態などが、労働契約承継法に則り、丸ごとそのまま引き継がれることになります。
　なお、会社分割では、後述する新設分割のように「買い手」と「売り手」という関係とは異なり、買い手の会社も売り手の会社も新設する対象会社に「承継する」という表現がされます。この点も留意しておきましょう。

ケースとして多いのは新設分割

　会社分割には、**図9**のように、「吸収分割」と「新設分割」があります。
　吸収分割は、売り手の会社が分割の対象となる事業（対象事業）を対価と引き換えに買い手の会社に売ります。そして、売り手の会社の株主が、買い手の会社の株主に加えられます。それにより、対象事業は買い手の会社に引き継がれることになります。
　しかし、この手法は実際にはほとんど見ることはありません。前述の合併など他のM&Aで見たように、買い手の会社に新しく株主が加わることの是非がネックとなるケースがあるからでしょう。

第1章 組織再編とM&Aの基礎知識

図9　吸収分割と新設分割の違い

(1) 吸収分割

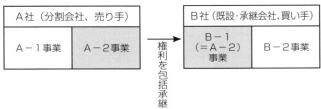

(2) 新設分割

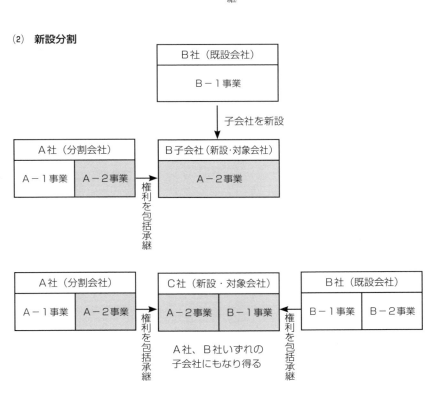

25

会社分割でよく見られる手法が「新設分割」です。
　新設分割は、売り手の会社が対象事業を自社でいったん分離するかたちになります。そして、買い手の会社が自社の下に100％子会社として新設して、その会社に対象事業を承継させて経営するという手法です。
　また、ここでは「売り手と買い手」というかたちで説明しましたが、それによらない新設分割の手法もあります。たとえば、次のようなケースです。

> **ケース③**
> 　飲食店と飲食店コンサルティングを行うA社、飲食店の設計と飲食店事業用不動産の賃貸を扱うB社があった。このとき、A社とB社の双方が分割会社となり、両者によって新設されたC社において、A社からは飲食店コンサルティング事業を、B社からは飲食店事業用不動産の賃貸事業を譲り受けた。

　このケースの場合、会社分割によって生まれたC社が、A社・B社のどちらの子会社となるかなどについては、M&Aにおける株式の割合や構成、事業性の分析、先述した各種のデューデリジェンスを経て確定します。
　いずれにせよ、新設分割はM&Aの手法のなかで、株式譲渡とともに頻繁に使われる一般的な手法であるということを理解しておいてください。

(8)「株式移転」とはどのような手法か

　オーソドックスな株式移転とは、別の組織であったA社とB社の双方が、新しくつくる大きな会社の傘下に100％子会社として入るスタイルになります。2社だけでなく、3社、4社と多くの会社が、新設される大きな会社の子会社になるケースもあります。
　このような株式移転によって生まれた新設会社を持株会社と呼びます。株式移転の手法を活用して持株会社化するということです。また、複数の会社が共同で親会社を新設する行為を共同株式移転と呼びます。

実情としてはケースが少ない

　株主から株式移転を見てみましょう。先の例ではA社とB社、それぞれの対象会社が子会社になる前には、もともとの株主がいました。ところが株式移転によって親会社が新設されると、それぞれの対象会社の株主も、新設された親会社の株主となります。
　新設された親会社から株式移転を見れば、A社とB社の株主が新設会社の株主に名を連ねることになります。親会社で取り組む事業は実質的に新設会社の運営であり、個々の事業については子会社となった対象会社が引き継ぐことになります。その結果、取り組む事業やその権利義務などについて直接的な変動は生じません。そのため、一定の独立性を確保したうえで経営統合を行うことができます。
　しかし、この手法は大規模な株式移転による持株会社化としてニュースになることもありますが、一般のビジネスの現場ではなかなか事例としてはないのが現状です。

株式移転と株式交換の違い

　株式移転と次項で述べる株式交換は**図10**のように手法が異なります。

　株式移転は、新しく親会社となる会社を設立するケースであるのに対して、株式交換は、親会社となる会社が既存の会社ということになります。そのため、株主の扱いも異なれば、その手法を活用することにともなう手続きや対応なども異なります。

　具体的には、株式交換では親会社となる既存会社は株式会社でも合同会社など他の組織形態でも可能ですが、株式移転で親会社となるのは、必ず新設する株式会社でなくてはなりません。また、株式交換では株式交換契約書に記載された日に効力が発生します。それに対して、株式移転は新設した親会社の登記（変更）日が効力の発生日となります。

　ごく一般的にいうと、株式移転は子会社となる会社同士が一定の独自性を持ちながら経営を進められるため、組織再編において活用しやすいのですが、子会社となる会社がこれまで結んでいたさまざまな契約を、あらためて新会社が締結し直す必要があります。そのための時間がかかることもあり、敬遠されているのかもしれません。

第1章 組織再編とM&Aの基礎知識

図10　株式移転と株式交換、株式譲渡、事業譲渡との違い

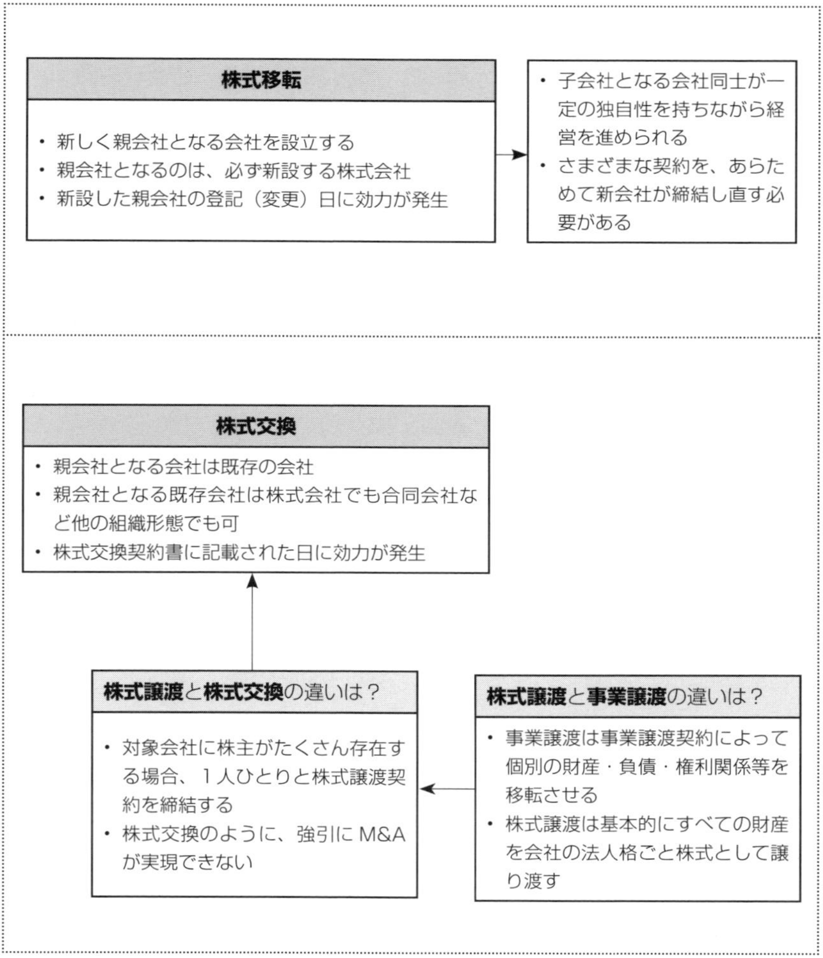

株式移転
- 新しく親会社となる会社を設立する
- 親会社となるのは、必ず新設する株式会社
- 新設した親会社の登記（変更）日に効力が発生

→
- 子会社となる会社同士が一定の独自性を持ちながら経営を進められる
- さまざまな契約を、あらためて新会社が締結し直す必要がある

株式交換
- 親会社となる会社は既存の会社
- 親会社となる既存会社は株式会社でも合同会社など他の組織形態でも可
- 株式交換契約書に記載された日に効力が発生

株式譲渡と**株式交換**の違いは？
- 対象会社に株主がたくさん存在する場合、1人ひとりと株式譲渡契約を締結する
- 株式交換のように、強引にM&Aが実現できない

株式譲渡と**事業譲渡**の違いは？
- 事業譲渡は事業譲渡契約によって個別の財産・負債・権利関係等を移転させる
- 株式譲渡は基本的にすべての財産を会社の法人格ごと株式として譲り渡す

(9)「株式交換」とは、どのような手法か

　株式交換は、株式移転とは異なり、対象会社を買い手の会社が完全に子会社にする手法です。
　子会社になった対象会社の株主は、そのまま買い手の会社、すなわち対象会社の親会社の株主になります。買い手の会社にもともとの株主はいますので、その株主に加わることになります。

株式譲渡と変わらないケースでもスムーズに進めることができる

　株式交換は、対象会社の株主がその株式を買い手の会社に完全に譲る代わりに、何らかの対価を受け取るというしくみです。「株式交換」という名称は、株式と対価の交換をするところからきています。
　対価が株式の場合、対象会社の株主は買い手の会社から発行された新たな株式を対価として受け取ります。ところが、対価が現金の場合、どうなるでしょう？　対象会社の株式を買い手の会社に渡して、対価として相当の現金を受け取ります。この手法はよく考えてみると、株式譲渡と変わりません。
　では、なぜ株式譲渡ではなく株式交換という手法があるのか。それは、対象会社に株主がたくさん存在して、1人ひとりと株式譲渡契約を締結するのは手間がかかる場合があるからです。株式交換では、対象会社の株主に対して個別に契約を行うのではなく、一括して対応します。ですから、株式譲渡よりも株式交換のほうが、まとめてスムーズにM&Aを進めることができるのです。その違いを**前掲図10**（29ページ）に示してあります。

反対する株主がいても強引に対応できる

　たとえば、株主のなかにそのM&Aに反対する人がいる場合も、株式交換なら強引ではありますがそのM&Aが実現できます。

　通常は株式譲渡において、対象会社の全株式を買おうとすると、株主全員との間での株式譲渡に関する合意（株式譲渡契約）を交わさないといけません。しかし、株式交換において必要な法的手続きは、株主総会の特別決議のみです。株主総会の特別決議とは、議決権をもつ株主の過半数を定足数とし、その3分の2以上の賛成によって成立する決議です。

　過半数の賛成で成立する普通決議よりハードルは高いのですが、少数の反対株主がいても手続きそのものを進めることができ、反対する株主が少数であれば、強制的に株主の株式を取得できます。

強引に進めてもよい結果が得られるとは限らない

　ただし、理屈上は可能でも、"強引に""強制的に"という部分には留意する必要があります。少数の株主の反対を押し切って手続きを進めても、株式交換では反対する株主も買い手の会社の株式を取得するので、買い手の会社の株主となったあと、その反対株主の心証がよいものとは限らないからです。

　なお、株式交換によって子会社化した対象会社は、法律上はもとの会社すなわち別法人ですから、事業のほか、取引先との契約などそのまま引き継ぎます。新たな契約を取り交わす必要はなく、取引先や従業員からの抵抗が出にくいというメリットもあります。わずらわしい手続きを行わなくて済むことは大きなメリットです。

⑽「事業譲渡」とは、どのような手法か

　事業譲渡は会社法で規定される組織再編という行為とは異なります。その手法を簡単に説明すると、会社ではなく、会社の株式でもなく、「会社の事業そのものを売買する」というスタイルになります。
　事業そのものとは、サービスや製品である「モノ」、その事業に関わっている従業員などの「ヒト」、その事業で商売している「取引先」、またその事業を営んでいることから生ずる債権債務などのすべてを指します。そのすべてを売買する手法が事業譲渡なのです。

雇用条件は引き継がれない

　M&Aのスタイルとしては、会社分割と非常によく似ています。異なる点は、「会社分割は雇用条件を引き継ぎ、事業譲渡は引き継がない」という点です。
　会社分割は前述のように「包括承継」という規定が適用され、労働契約もそのまま引き継がれます。当然ながら、雇用条件も引き継がれます。しかし事業譲渡では、従業員は対象会社をいったん退職した扱いになり、あらためて譲渡先の会社（買い手の会社）と雇用契約を結ぶことになります。すると、雇用条件は引き継がれないことになります。
　すなわち会社分割は従来の状態をそのまま承継する手法で、事業譲渡は売り手の会社をいったんリセットして、新しくスタートさせる手法ということができます。

事業譲渡のメリット・デメリット

　事業譲渡は大手よりむしろ中堅・中小企業でよく行われているM&Aの手法の1つです。対象会社のすべての事業を譲渡する場合は、事実上、対象会

社をやがて閉鎖するケースで行われることもあり、対象会社のいくつかある事業の一部を譲渡する場合は、対象会社が事業を取捨選択し、得意分野に集中し、専門性をより高めるケースなどで利用されています。

対象企業の留意点としては、競業避止義務が挙げられます。事業譲渡をした会社（対象会社）は、譲渡したあとに、譲渡した事業と同種の事業を行うことが制限されます。この点は対象会社にとってデメリットといえるでしょう。

一方、事業譲渡を受ける会社（買い手の会社）としては、事業譲渡契約の範囲を厳格に定めることで、帳簿だけではわからない債務（簿外債務や偶発債務など）をシャットアウトすることが可能です。これは買い手の会社にとって大きなメリットです。譲渡を受けたあと、「こんなにいろいろな債務を抱えている会社とは、わからなかった」といったことを少しでも減らすことができるのです。

株式譲渡のほうが一般的で手続きも簡単

株式譲渡と比較した事業譲渡のしくみを**前掲図10**（29ページ）に示しておきます。

事業譲渡は単純には「事業を譲渡すること」ということができますが、より厳密にいうと、事業譲渡契約によって個別の財産・負債・権利関係等を移転させる手続きです。そのため、先述のように会社が営んでいるすべての事業を譲渡することも、一部の事業を譲渡することもできます。

また、事業譲渡は個別に1つひとつの財産を移転する手続きが必要なので、株式譲渡と比較すると手続きがたいへんです。その点、株式譲渡は基本的にすべての財産を会社の法人格ごと株式として譲り渡すため、手続きは比較的簡単です。この点が事業譲渡と株式譲渡の大きな違いです。実情としては株式譲渡のほうがよく使われているM&Aの手法ということができます。

⑾ M&A の手法を整理してみよう

　第1章で述べた M&A の手法を整理しておきましょう。
　M&A の枠組みのなかには、会社法で規定された「組織再編」と呼ばれるものと、広く事業を買収したり、合併したり、また最近では経営統合や事業承継といった言葉も含めて語られる「M&A」と呼ばれるものがあります。そのうち、組織再編以外の M&A の手法としてもっとも一般的に使われている手法が「株式譲渡」です。
　なぜこの手法を用いることが多いのか。一言で述べると、売り手の会社の株主、すなわち支配権が変わるだけで、商号や会社名などを変えなくてもいいからです。従業員もそのままでも一向にかまいません。
　そのことによって生まれる実務的なメリットとしては、「取引先に対して、銀行口座の変更をしなくてもいい」ということを挙げることができます。逐一、「弊社へのご入金は、来月からこの口座に振り込んでください」などといった連絡をせずに済み、これまでと同じように経営していくことができます。株式譲渡はこの点でいわば手間がかからないので、好まれているのです。
　また、従来と同様の経営ができるとともに、買い手の会社にとっては未払い残業代などの債務を抱え込む可能性が少ないことも、この手法の大きなメリットです。
　合併に関しては、偶発債務を抱える危険性がともないます。そのリスクを抱えながらも、売り手の会社は子会社となるべきだという買い手の会社のニーズも強く、実際にはあまり使われていない手法です。あくまで従来の企業グループ内での活用、また、対等合併の考えがある会社同士で活用し得る手法といってよいでしょう。
　「会社分割」と「事業譲渡」の手法は、"見た目"の形態としてはとてもよ

く似ています。異なる点は、従業員の雇用条件などを引き継ぐか否かです。

　会社分割のメリットとしては包括承継で雇用条件を継続できるので、許認可などに関しては許認可業者の名義変更で済むケースも多く、大きなメリットがあります。しかし、会社分割を機に従業員の雇用条件などを見直したい場合には、包括承継に抵触し、この手法を使えなくなってしまいます。

　事業譲渡はその点、売り手の会社の従業員は譲渡先の会社と新たに雇用契約を結ぶことになり、未払い残業などの債務を見直しやすくなります。しかし、売り手の会社としては、売却する事業をきれいに閉鎖することになるので、未払いになっていた税金（債務）の負担や登記関係の税金が新たにかかることにもなります。売り手の会社としては、そのためのお金の工面などをデメリットと考えることもできます。

　会社分割と事業譲渡のどちらの手法を選ぶか、と考える際には、まさに一長一短があるという理解もできます。

　「株式移転」と「株式交換」については、両方ともあまり実際には使われていない手法です。

　株式移転に関しては、新規の親会社を設立することになりますが、デメリットとしては、対価が株式などに限定されてしまうことです。

　株式交換に関しては、手法としては株式譲渡と変わりませんが、実際には、複数人の株主がいて、全員と個別に株式譲渡契約を結ぶことが面倒な場合に用いられる手法です。買い手の会社のメリットとしては、法人格を維持したまま買収することができる点です。しかし、株主がそれほど多くはない中小企業では、ほとんど見られることのない手法といってよいでしょう。

第2章

M&Aシーンで求められる
社会保険労務士

(1) 組織再編・M&Aの
スケジュール感を押さえておこう

　会社法に規定された組織再編と、会社法にとらわれない広い意味でのM&A。まず、これらについてスケジュール感を考えてみましょう。

組織再編の場合は法定の期日もある
　組織再編を行う場合には、まず買い手の会社と売り手の会社双方が大筋の合意をするために、プロジェクトチームと立ち上げます。そのチームには前述したように、公認会計士や税理士、弁護士や社会保険労務士、さらにFAや環境調査会社などが必要に応じて加わります。有力なFAがいれば、そのプロジェクトチームの進行管理、関わる資格者の手配などのアドバイスを受けることができます。
　士業は、どのM&Aの手法をとる場合でも、それぞれの専門分野に特化した監査を行ったり、リスク判断などに関するアドバイスを行ったりします。この監査が、後述する「デューデリジェンス」と呼ばれるものです。
　なお、グループ会社内で組織再編を行うような場合は、それぞれの法人組織の実情は互いに一定以上理解しているケースが多いため、グループ外の組織再編の際に行うデューデリジェンスは実質的に行わないケースもあります。その場合は、弁護士・行政書士に法定の手続き面を確認し、手伝ってもらったり、税理士に経理・税務面の処理の擦り合わせなどに関するアドバイスを受けたりするケースも多いでしょう。

手法によって異なるスケジュール
　実作業としては、合意の締結のあと、必要に応じてデューデリジェンスを行って、並行してそれぞれの手法の活用にともなう契約のドラフト（草案）

を示し、開示関連書類の作成などを行ったのち、最後にクロージングとなります。なお、債権者や株主への公告の期間など、法定されている期間がある場合は、その日時もスケジュールに盛り込みます。

　実際のスケジュールに関しては、関わる会社の規模や業容、また組織再編の手法によって異なります。数か月で実施するケースもあれば、1年がかりで進めるケースもあり、一概にはいえません。

M&Aの場合のスケジュールは？

　M&Aでは、組織再編と同様、プロジェクトチームの立ち上げから始まって、FAなどから、どの手法を選ぶかなどのアドバイスをもらいます。そのあとがM&Aの特徴で、まず、NDA（Nondisclosure agreement）と呼ばれる秘密保持契約や基本合意書の締結を行います。この秘密保持を前提とした契約を交わす理由として、M&Aには欠かせないデューデリジェンスという作業があるからです。M&Aでは法律によらない取り組みも多々あるため、リスクへの対処が必要なことが多く、会社法に規定された組織再編よりもデューデリジェンスのウエイトが高くなります。

　そのデューデリジェンスが終わったあと、最終契約のドラフトや開示関連書類の作成があり、最後に最終契約の交渉などを行い、クロージングとなります。

　ごく一般的なスケジュールを想定してみましょう。1か月目に事前準備やM&Aの対象会社の確定を行い、2か月目に秘密保持契約や基本合意書を交わし、3か月目に各種のデューデリジェンスを行い、4か月目に最終条件交渉からクロージングとなると、法定された届出などの期日も踏まえると半年くらいはかかります。そして、半年後から具体的な統合作業を進めていくとすると、1年程度はかかります。**図11**に吸収合併における主な法定手続きの期日をまとめておきましたので、参考にしてください。

図11　吸収合併に関する主な手続きの期日（期間）

①債権者保護手続き	官報への公告	効力発生日の1か月前まで
	債権者への個別催告	効力発生日の1か月前まで
	合併契約に関する書面等の事前備置き	総会2週間前の日から
②株式買取請求手続き	株主総会招集通知	総会2週間前まで
	株主への通知	総会から2週間以内
	反対株主への通知期限	通知または公告から20日以内
③株主総会での合併契約承認	債権者からの異議申述期間の満了	効力発生日の前日まで
④合併効力の発生	登記の申請	効力発生日から2週間以内
	合併契約書等の事後備置き	効力発生日から6か月間

その他、効力発生日以後、税務関係届出書類の提出、適時開示、営業上の許認可再取得手続きや不動産登記などを速やかに行う。

FAの存在で思わぬ展開も

たとえば、次のようなケースを想定してみてください。

> **ケース④**
> 後継者のいない中小企業の社長が、黒字で経営が安定しているのに引退が迫ってきている。経営は安定しているので、「このまま自分の代でたたんでしまうのは惜しいし、従業員もかわいそうだ」と、FA業務を営む会社に相談してみた。すると、首尾よく上場企業がM&Aに買い手として手を挙げてくれた。

実はこのようなパターンが最近増えています。

その背景としては、FAを専門で行っている会社が増えてきたことが挙げられます。そのため、最近はこれまで出会ったことがなかったような会社や株主から買い手が出て、M&Aが成立するパターンもあるのです。そのようなパターンでの"首尾よく"という場合のスケジュールは、M&Aの打診から数か月ほどと考えてよいでしょう。

(2) デューデリジェンスとは、どのような行為か

　デューデリジェンスとは、一言でいうと、「買い手の会社が売り手の会社（対象会社）をさまざまなアングル・切り口でコンプライアンス体制の内容精査や潜在債務の有無などのリスクを調査すること」です。弁護士は法律のアングルから、公認会計士や税理士は会計・財務、また税務・経理のアングルから、社会保険労務士は労務のアングルから対象会社を調べていきます。

　対象会社には、さまざまな資料のほか、社外秘としている情報も出してもらうことになります。その資料や情報をもとに、対象会社の経営はどのような実態にあるのか、どのようなリスクを内在しているのかを、専門家がそれぞれの専門分野から調査していくのです。

ほとんどの会社が、デューデリジェンスを終えられない!?

　M&Aにおけるデューデリジェンスの実情について少し触れておきましょう。実際のM&Aにおいて、プロジェクトチームがデューデリジェンスまで進む件数（すなわち、買い手の会社がそれぞれの専門家にデューデリジェンスを依頼する件数）は10件中5件ほどです。さらに、本当に実効性のあるデューデリジェンスをできるケースは、そのうちの1件程度にとどまってしまうのが現状です。買い手の会社にとっては数多くのM&A案件が経営上の議題・課題として挙がったとしても、そのほとんどのケースが具体的に進むまでには至らないか、予定どおりには進まないといってよいでしょう。

　なぜ、そのようなことが起こるのでしょうか。理由の1つに、対象会社が公表してくれた資料や秘密情報が十分とはいえないことが挙げられます。財務・法務・労務などそれぞれの専門家が、十分なデューデリジェンスを行うに足る資料や情報とはいえないのです。そのため、提出を受けた資料や情報

を調べ、それら資料や情報から指摘し得るリスクを抽出し、また、後述するインタビューで不明点を補完するという、できる範囲での対応にならざるを得ません。

　もちろん、デューデリジェンスを行った結果、対象会社のM&Aを控えるケースも頻繁にあります。

　しかし、どのような場合でも、そうした資料や情報の扱いには気を遣います。その扱いを保障するために、デューデリジェンスとセットで行うのがNDA（秘密保持契約）の締結です。この契約は、「提供してもらった情報は、そのときのM&Aでしか使わない」という趣旨の契約です。

　この契約を交わさないと、M&Aが破談になったときに、売り手の会社としてはその資料や情報を悪用されてしまう可能性もあります。したがって、売り手の会社は、しっかりと買い手の会社と秘密保持契約書を交わすことに留意する必要があります。

基本合意書・秘密保持契約に法的拘束力はない？

　通常、デューデリジェンスの段階までに、相手の会社と、そのM&Aに関する基本合意書を交わします。盛り込むべき主な条項は**図12**のとおりで、そのとき実施する予定のM&Aの手法のほか、概算価格、スケジュールなどを示します。その基本合意書の条項の1つとして秘密保持契約は条項として入っているケースが多いので、基本合意書をしっかり作成して交わしておけば秘密保持契約については問題ありません。

　しかし、この基本合意書は秘密保持契約の条項など法的に制約される条項を除いて、法的な拘束力はありません。なぜなら、基本合意書を交わす時点では、まだデューデリジェンスを終えていない状況がほとんどなので、対象会社のことを詳細に把握できていないからです。実際にM&Aを進めていくうちに、価格や手法が変わったりすることは十分起こり得ます。あくまでこの合意書は紳士協定・覚書のようなものと理解しておくべきです。

図12　M&Aの基本合意に盛り込むべき主な事項

① M&Aの成立に向けて、これから互いに誠実に交渉していくことで合意したこと
② 予定しているM&Aのスキーム
③ M&A価格の基準額（上限額であることが多い）
④ 予定しているM&Aの概ねのスケジュール
⑤ 買い手の候補は1社に絞られることを示す「独占交渉権」とその期間
⑥ 秘密保持義務（この義務と⑤独占交渉権、⑦デューデリジェンスへの協力義務については法的な拘束力を持たせるケースがある）
⑦ デューデリジェンスへの協力義務の確認
⑧ 法的拘束力がある条項、ない条項の特定（あえて、「法的な拘束力はない」条項を明示するケースもある）
⑨ 破談の条件、違約金の有無（検討・交渉した結果、破談になっても、互いに違約金や損害賠償は求めないことの確認）

デューデリジェンスの期間は買い手の会社次第

　デューデリジェンスのスケジュールは、その案件によってさまざまです。どの士業においても、デューデリジェンスを依頼する買い手の会社はクライアントと呼ぶことができますが、そのクライアントが2週間でやってほしいという要望が強ければ2週間で行いますし、その要望が1年のこともあります。もちろん期間が長いほうがより多くの資料や情報をもとに詳細に調査できますが、基本的には1か月から1か月半で実施するケースが多いようです。

図13　M&Aの流れ

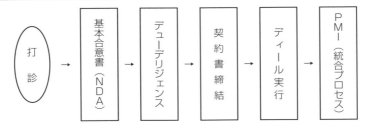

打診 → 基本合意書（NDA） → デューデリジェンス → 契約書締結 → ディール実行 → PMI（統合プロセス）

(3) 重要性が増してきた労務デューデリジェンス

　デューデリジェンスは、基本合意と秘密保持契約を交わしたあとにスタートします。そのデューデリジェンスのなかで一般的なのが、「財務デューデリジェンス」と「法務デューデリジェンス」です。それぞれ公認会計士や弁護士が、その専門的な切り口から対象会社の経営状況などを調査します。

売り手の会社の財務状況を調査する財務デューデリジェンス

　財務デューデリジェンスとは、M&Aの対象企業の資産の劣化、不良資産の存在、負債の過少計上、重要な簿外債務などがないかを調査します。対象会社の価値判断を行うためですが、具体的には売り手の会社が作成した財務諸表などを中心に、適正・適法であるかどうかを検証していきます。

　財務デューデリジェンスでは対象会社の財務状況などを調査し、その結果、対象会社がM&Aを実施するに足る財務体質の会社であるかどうかを判断し、それを買い手の会社に報告することに加え、企業価値の算定などに関して買い手の会社を支援していくことになります。

　たとえば財務デューデリジェンスの結果、対象会社に未払い残業代などの債務があることがわかれば、これを加味して対象会社の企業価値を低く見積もってM&Aの契約までこぎつけるわけです。

売り手の会社の契約上の不備を調査する法務デューデリジェンス

　法務デューデリジェンスでは、主に契約面に関して法律上の不備や問題がないかなどの調査を行います。より具体的には、取引先との契約関係のほか、関係会社の存在、許認可、知的財産権、人事・労務をはじめ、訴訟・紛争の存在などを調査していきます。取引先との契約関係をチェックしていけば、

不正な金銭の支出の実態が実務上見えてくることもあります。
　一般論ですが、これらのなかで重要なのは許認可で、申請や届出などの不備があった場合の実際の手続きは、行政書士が担当するケースも増えています。

　財務と法務、この２つのデューデリジェンスがこれまでM&Aにおいては一般的に行われてきました。ところが最近は、未払い残業代やサービス残業・長時間労働、退職金・年金など、財務と法務の両面に影響を与えかねないケースも想定される上、働き方改革関連法の施行に伴い時間外労働の上限規制や同一労働同一賃金への対応を迫られ、労務のデューデリジェンスが重要視されてきています。
　その背景には、まず未払い残業代の問題により簿外債務が顕在化してきたことがあります。今日、10件のM&A案件があれば、そのうちに７〜８件は未払い残業代の問題を抱えているのが実情です。また、M&Aによって就業規則が売り手の会社の従業員にとって不利益変更になってしまう場合、M&Aを実行するまでに、しっかりと売り手の会社の従業員に対して「買い手の会社に沿うこと」の同意書を取得しておくようアドバイスすることもあります。それが実現できれば、M&A後の労務トラブルの発生を未然に防ぐことができます。

億円単位の債務の精算に売り手の会社は耐えられるか!?
　未払い残業代を抱えている会社の経営者は、口を揃えて「ウチは大丈夫」といいます。しかし、よく話を聞いてみると、「残業代は30分未満を切り捨て、労使はうまく回っている」「月３万円の残業手当をちゃんと支給している」などという話に行きついてしまいます。もちろん、これは労働基準法の観点からすると、正しい方法とはいえず、問題になるケースもあります。
　たとえば、従業員が1,000人いる会社で、残業代を１人あたり月平均５時間分を切り捨てているとしましょう。そのケースでは残業代単価を2,000円としても、毎月1,000万円の未払いが発生し、年間１億2,000万円の未

払い残業代が発生しているのです。この額が精算しなければならない偶発債務として顕在化すると、買い手の会社にとって、そのM&Aは当然ながら見直しせざるを得ません。

健全だった労使関係のはずが……
　労務では、たとえば次のようなケースで揉めることがあります。

> **ケース⑤**
> 　社会保険労務士に労務デューデリジェンスを依頼しなかったことでトラブルになった事例として、「労働条件の変更については、労働組合との協議と合意が必要である」という規定が労働協約に盛り込まれていたにも関わらず、社内の担当者が、このことを安易に考えてしまった。そして、対象会社をM&Aしたあとに、配置転換や余剰人員の削減の必要が出てきた。労働組合と会社は別組織であり、旧会社（売り手の会社）の労働組合の合意が必要ということになってしまった。そのため、買い手の会社は事実上、人事に手を出せなくなってしまった。

　労務デューデリジェンスを実施しなかった場合、このように労働協約や労使協定などの確認を怠り、のちのトラブルのもとになってしまうケースがあります。
　その背景には、これまでM&Aにおいて労務そのものを軽視してきた面もあります。M&Aを検討している会社の担当者は、双方とも経営企画の専門部署の社員が多いのですが、彼らは企業価値や株式価値などに関しては詳しくても、人事や労務などの面に関しては知見を持ち合わせていないことがあります。また、「労働協約の期間なんてもともと決まっていないのだから、面倒になったら切ってしまえばいい」と安易に考える人もいます。
　しかし、そのようなことをすれば、当然、労働組合と揉めることになります。旧会社の労働組合はもちろん、買い手の会社の労働組合も加担して事態が硬直化するケースもあります。最悪、かつては健全だった労使関係がM&Aを

機にこじれて、街宣車が会社の前で煽り立てるようなケースもあり得ます。

弁護士であっても必ずしも労務が得意なわけではない

　人事・労務関係については、実は弁護士も必要な知見を持ち合わせていない場合もあります。弁護士はどうしても会社法を中心にM&Aを見ています。そのため、一筋縄では解決しがたい労務の問題でも、リーガルチェックに主眼が置かれるため「法律的に大丈夫だから、かまわない」といった対応をしがちな面があるのです。

　たとえば、M&Aで労働条件が不利益に変更されることが明らかなのに、労働組合から「労働条件が変更になってもよい」という念書に捺印をもらうよう売り手の会社のM&Aの担当社員に指示してしまうケースもあります。しかし、そんな簡単にハンコをポンと押してくれる御用組合はなかなかありません。少なくとも、じっくりと説明・議論して進めるべきことなのです。この部分はデューデリジェンスの範疇から外れることと割り切ることができればよいのですが、そう簡単にものごとは進まないのも実情なのです。

　このように、M&Aに関わる人が全員、労務に関する知識が十分にあるとはいえないのが現状です。そのような状況を受けて、社会保険労務士による労務デューデリジェンスの重要性が高まってきています。もしM&Aで労務デューデリジェンスを担当することになった場合には、労務に関する知識が十分にない人に対してもていねいに説明していく必要があるのです。

(4) 労務デューデリジェンスで重要な３つの視点

　労務デューデリジェンスでは、労働法に関わるリーガルチェックのほか、最近では特に対象会社の残業手当の未払いのほか、退職金の扱い、社会保険の未加入などの存否など、リスクチェックも合わせて調査します。

　その労務デューデリジェンスを実施していくうえで重要な視点は、**図14**のように大きく分けて次の３つがあります。

図14　労務デューデリジェンスで重要な３つの視点

①スキームは何か	包括的な承継が適用されるか。個別の承継が必要かによって対応が異なる
② M&Aを進める際の障害、価格決定への影響、契約書に盛り込む事項などのチェック	簿外債務（未払い残業代、年金・退職金）によって、M&Aの価格が変わってくる
③ M&A後の労務管理への障害	M&Aの成否は、労務におけるPMI（統合プロセス）にかかっている

M&A後のことを視野に入れることが重要

　上記３項目のうち、①スキームとは手法と同義です。M&Aの初期の段階で、「このスキームでやっていこう」という目論見はあるものですが、いざ労務デューデリジェンスを行ってみると、就業環境や労働条件の実態からすると、スキームを変更したほうがいい場合が結構な確率であるのが実情です。その意味からすると、労務デューデリジェンスはスキームを見直すタイミングとして重要なポイントになります。

　図14の②は、M&Aを進めること自体に何か障害になってくるものはな

いか、特に「人が組織を異動する」ということにおける障害を労務デューデリジェンスによって見極めていきます。

　もちろん、売り手の会社の価値というお金に換算できることであれば、それはM&Aの価格決定に影響を及ぼすので、きちんと見極めなければいけません。たとえば、先述した未払い残業代や退職金の既得権部分などの債務に関して、それを踏まえて価格決定するのか、それとも、価格決定とは異なるかたちで契約書に盛り込んでいくのかなどを、労務デューデリジェンスによって進めていくことになります。

　なお、実際のM&Aの価格については、労務デューデリジェンスの結果、また、その仕事を担当する社会保険労務士のアドバイスも踏まえ、財務デューデリジェンスを担当する公認会計士、買い手の会社の財務責任者などがM&Aの価格を算定していくことになります。

　最後は③の労務管理についてです。実は財務や法務のデューデリジェンスは現在の会社の状態を調査し、判断していく視点が強いのですが、労務デューデリジェンスではM&Aをする時点の調査とともに、その先、将来を見据えた対応を検討していく視点が必要です。後述するPMI（Post Merger Integration、M&A成立後の統合プロセス）は、まさにこの視点から取り組んでいくことになります。

　たとえば、対象会社についてM&Aを実施したあとに、就業規則や賃金体系を踏まえた労働条件を買い手の会社に合わせていくという作業が必要です。場合によっては、リストラを実施しなくてはいけないかもしれません。そうした事態を予測できたとき、M&A後の買い手の会社の将来を見て、ふさわしい選択を提示していく視点が必要なのです。

　これから、会社が何をしていきたいのか、それに対してどのような問題が現れてくるのか。それはM&Aの時点までに売り手の会社に対処してもらう問題か、それとも、将来にわたって買い手の会社が対応していくべき課題なのかなどと考えつつデューデリジェンスをしていく必要があります。

　③の点に関しては、公認会計士や税理士、弁護士だけでは対処しきれない場合が多く見られます。そこで、社会保険労務士が関わることが、今後さらに求められるのです。

(5) 就業規則など諸規程の監査の進め方

　労務デューデリジェンスでは、対象会社にまず、すべての諸規程や労務関連資料を提出してもらいます。そこから労務デューデリジェンスの第1段階である監査に入ります。まず、労務デューデリジェンス全体の流れを**図15**に示しておきましょう。

　ところで、IPO（株式公開）の準備支援をはじめとした通常の労務監査と、M&Aにおける労務デューデリジェンスの監査は少し異なります。たとえば、M&Aにおける労務デューデリジェンスの監査では、売り手会社の各種の労務施策が労基法などに違反していないか、すなわちその整合性は確認しますが、就業規則そのものをコンサルティング的な視点から細かく見ていくことは求められていないのです。つまり、就業規則をはじめとする各種規程をより優れたものにしようという視点ではないということです。

法改正のあった部分のほか、規程の内容より実態を調査

　M&Aを実施する際、実際には売り手の会社の就業規則は必要に応じてM&A後に修正し、買い手の会社の就業規則との整合性を保つようにするものです。そのため、調査を行う事項は法改正に対応していないままの条項がないか、休職規定や懲戒規定などで法に違反しているところがないかなどを確認していく程度です。むしろ重要なのは、その就業規則に照らした労働の実態がどのようになっているかです。

　ただし、賃金規程など、オカネに関わる規程については法律違反がないか、買い手の会社の賃金体系・諸規程と整合性は保ち得るかなどをスキームに応じて細かく調査します。また、賃金規程のほか、長期的に債務を負う退職金規程の監査も重要になってきます。

図15　労務デューデリジェンスの流れ

①全体計画の検討	目的やスケジュールについて、依頼企業や仲介業者、アドバイザー、また他のデューデリジェンスを行う士業の人などと相談・検討し、具体的にどう進めるかの見通しを立てる
②労務デューデリジェンスの実施	全体計画のスケジュールに沿って、対象企業の担当者・社員の協力を仰ぎつつ実施する
③関連する資料の収集と精査	他のデューデリジェンスと同様、労務のデューデリジェンスも、対象企業の就業規則や労働者名簿、賃金台帳、労使協定、服務規程など各種の労務関連資料が監査の基本となる。そうした労務関連資料のうち必要な資料の提出を受け、精査していく
④ヒアリングや追加調査	上記の労務関連資料の精査とともに、必要に応じてヒアリングや追加調査を行う。実際には、上記資料の現状の確認というより、守られていない規程、帳票類の誤記載などがあった場合について、個別リスクの状況把握や確認などを行うための、ピンポイントの聞き取りが多くなる
⑤労務コンプライアンス報告書の作成	上記①〜④を踏まえて、「労務コンプライアンス報告書」というレポートとしてまとめる。どうまとめるかは、労務のどの部分に焦点を当てるかなど、そのデューデリジェンスの目的によって変わってくる面がある
⑥改善計画の策定と実施	依頼企業の要望、また案件内容によっては、「労務コンプライアンス報告書」で指摘した事項について改善のアドバイス、改善計画の策定とその実施などを行うケースもある。ただし、「労務デューデリジェンス」に限定すると、上記⑤の「労務コンプライアンス報告書」の提出までが重要な業務であり、⑥は別のコンサルティング業務に該当するという考え方もある

賃金体系はその全体像を見る

　売り手の会社の賃金規程は、規程そのものよりまず、「どのような賃金体系になっているか」という全体的な観点から監査していきます。初任給や賃金カーブなども含めて、

- 基本給はどのような制度設計であるか
- どのような手当をどのような対象者に支給しているか
- 年収水準はどうか
- その支給方法はどうか

などを確認していきます。

　これらは M&A のあと、買い手の会社の賃金体系を合わせていくことを想定しつつ監査します。対象会社の賃金体系に、M&A によってどのような差が生じるかをしっかりと確認する必要があります。その差がかなり大きい場合は、将来、会社が立ち行かなくなる可能性もあるからです。たとえば、「この手当を基本給に組み込めば対応できそうだ」といったことを考えながら、監査に取り組んでいくのです。

　法律論としても従業員の就労の実情としても、賃金体系を変えること、特に賃金を引き下げることは労働条件の不利益変更に該当し、そう簡単にはできないものです。そこを調整していくことが労務デューデリジェンスでは「指摘すべき事項」にとどまったとしても、結局は必要になるのです。

　しかし実際問題、この部分がおざなりになっていることがあります。たとえば、次のようなケースです。

> **ケース⑥**
> 　労働法規に強い弁護士が、自分の弁護士事務所の若手弁護士に指示して労務デューデリジェンスを行っていた。若手弁護士はリーガルチェックのみに終始し労務の監査報告書（レポート）を作成。その弁護士事務所の代表弁護士もざっと目を通しただけで終わってしまった。そのため、売り手の会社にくすぶる労務上の不満を察知できずにいた。

　このようなケースでは、「M&A を実施したあとに整合性を保つよう必要な規程を変更すればいい」という考えになりがちです。それでは M&A 後に、「中間層だけ賃金が下がるのはおかしい」「勤務地に応じた手当を全廃することは、説明を受けていない」といった話が従業員側から寄せられるようになります。このような点にも留意しつつ監査を進めることが大切です。

固定残業代の有効性と、三六協定に対する勘違いをチェック

　賃金規程では、固定残業代の有効性も要チェックポイントです。

　労務デューデリジェンスの段階で、売り手の会社の経営者に「未払い残業代はありませんか？」とインタビューすると、「ありません」という答えが返ってくることが少なくありません。

　それをそのまま「労務コンプライアンス報告書」に記してしまうこともあり得ます。何より、売り手の会社が嘘を伝えたり、隠しごとをしていたりといったことを疑えばキリがなく、疑って真実を暴くという性質の仕事でもないからです。

　経営者には、もちろん悪気はありません。ですが、今日の労働環境からみて、法律的に未払い残業代がないということは、まずないのが実情ではないでしょうか。

　また三六協定に対する勘違いがあります。三六協定とは、「会社が法定労働時間を超えて、あるいは法定休日に労働を命じる場合、過半数労働組合などと書面による協定を結び、労働基準監督署に届け出なくてはいけない」というものですが、届出さえすれば問題ないと思っている経営者も多いのです。

　三六協定の内容・届出如何にかかわらず、まず、実態に即して法令を守らなければ意味がありません。三六協定に記載した時間外労働させることのできる時間数、法定休日労働の回数などを超えて時間外労働・休日労働を命じていることが問題なのです。その債務への対応ができていなければ、そのM&Aはリスクを抱えたまま進むことになります。

　そのことを避けるためにも、未払い残業代については経営者へのインタビューで終わるのではなく、タイムカード・出勤簿などをしっかり調査して、不備があれば「正すのではなく、根拠を示す」ことができる状態にしておく必要があります。正すのは売り手会社が行うことで、労務デューデリジェンスでは、それは求められていません。

　昨今、この未払い残業代への対応について、労働基準監督署も厳しく対応しています。将来的にも、その厳しさは増していくことが予想されます。したがって、労務デューデリジェンスを行う立場としては、「労務コンプライ

アンス報告書」には、発生するかもしれないリスクを正確に記述すべきです。最大限のリスクをしっかりと説明することによって、そのリスクを企業価値（価格）に反映することができます。労務デューデリジェンスによって、「固定残業代が月額△万円支給されているが、実態は月に○万円未払いになっている状況であり、このままではM&Aの締結時に×万円の債務を抱えた状態になる可能性がある」ということを明解に示しておけば、それを加味した価格設定を行うことができるのです。

退職金規程では中小企業退職金共済、厚生年金基金の扱いに留意

　退職金規程では、自社独自の規程に沿った退職金の支給とともに、中小企業退職金共済（中退共）などに加入しているというケースもあります。

　退職金規程に中小企業退職金共済の存在があった場合は、これを継続するか、またM&Aの時点で解約するかという問題が出てきます。

　労務デューデリジェンスの段階では、

　①継続すること、もしくは解約する場合のリスク

　②継続する場合の手続きの明示

　③解約する場合の退職金債務への対応

などを明示することが求められます。また、そもそも中退共への共済金の納入などが、どのように会計処理されているかの調査も必要です。特に退職金債務への対応については、個々の社員に対する債務の確定と、それをM&Aの価格に反映させるかどうかなどの検討が必要になります。

　さらにM&A後、売り手の会社の退職金規程が買い手の会社と同じ扱いとする場合は、勤続年数の通算の扱いなどにおいて、売り手の会社の社員にとって労働条件の不利益変更にあたるケースも想定されます。何が最適かは一概にいえませんが、その判断によってはM&Aのスキーム自体の変更を迫られる可能性があることも留意しておくべきです。

　また、厚生年金基金は、改正厚生年金保険法により原則としてその多くは解散していますが、一部残っているケースがあります。そのため、前記①〜③と同様の問題を検討する必要があります。

「退職金制度について、齟齬があればM&Aのあとに廃止すれば問題ない。必要ならまた作ればいい」などと安易に考えている会社が少なくありません。退職金は将来発生する可能性のある債務をその時点で会社と社員双方の損得を考慮しつつ確定する難しさと、実際の手続き面の煩雑さもあり、多くの会社とその経営者が思うほどに簡潔に解決できることではありません。

結果から見れば、退職金は未払い残業代とともに、対象会社において、簿外もしくは偶発債務として顕在化するケースが多く、その債務総額も社員数が多いと、千万単位・億単位の額になる例も特別なことではありません。そのためM&Aのスキーム自体を見直したり、企業価格に反映させたりするケースも多々あります。おざなりにしている会社が多いだけに、要注意のポイントです。

中小企業において退職金の扱いに問題が起きがちなのは事業譲渡ですが、結論をいえば、**図16**の2つが解決方法になります。その結論のどちらを選ぶかを決め、それを前提に詳しく監査していくことも大切です。

図16　事業を譲渡する場合の退職金への2つの対応

①譲渡の際にいったん前の会社で退職金を精算し、譲渡先で新たな退職金規程がある場合には、その規程に沿った対応とする	→ 譲渡前の会社にとって、多額の資金が必要となる。また、譲渡前の会社では勤続年数に応じて退職金支給率も上がるような規定であれば、譲渡前の会社の社員からの不満が上がることもある
②譲渡前に発生した退職金（の債務）を譲渡先が引き継ぐなら、従業員が譲渡先を退職する際に、引き継いだ退職金債務とあわせて譲渡先が退職金を支払う	→ 事業を譲渡する際に支払う退職金の額に相当する額を事業譲渡の額から差し引く、つまり事業譲渡を受ける会社は「退職金債務を引き受ける分だけ安く買う」といった措置が行われる

(6) 労働時間管理・未払い残業に関する監査の進め方の実際

　労働時間管理の方法を監査するには、対象会社が労働時間管理をタイムカードやICカードなどの客観的なツールで行っているのか、それとも自己申告なのか、それらを併用して行っているのかを確認する必要があります(**図17**参照)。

　労働時間管理の方法がわかったら、それをもとに、未払い残業代のリスクがどの程度あるかを明確にするために、社員の未払い残業代の金額を試算していきます。

図17　労働時間の調査のしかた

	留意点
①タイムカードで管理している →	1分単位で時間管理しているので、残業代も1分単位で支給しなくてはいけない。タイムカードを調査すれば、未払い残業代がいくらになっているかも概ね正確にわかる
②自己申告制としている →	申告内容が毎日同じ時間であるような場合は注意が必要。同じ時間(時刻)が記載され続けている場合、正確な申告ではない可能性がある
③上記①と②を併用している →	タイムカードと自己申告の時刻のズレに注意。その乖離時間は1日30分以内とされ、乖離時間が長くなるほど信憑性が低くなる

労働時間管理の手法の違いによって"目のつけどころ"が異なる

　売り手の会社がタイムカード等を導入し、適正に運用している場合は、打刻時刻が正確にわかるので、厳密に調査できます。なぜなら、原則として1

分単位で時間管理しているので、残業代も1分単位で支給しなくてはいけないからです。タイムカード等を調査すれば、未払い残業代がいくらになっているか高確度でわかります。

一方、残業時間について自己申告制を導入している会社では、申告内容が毎日同じ時間であるような場合は注意が必要です。同じ時間（時刻）が記載され続けている場合、それは正確な申告ではない可能性があります。

それを社員の意思で行っているケースもあれば、売り手の会社が従業員に指示して行わせているケースもあります。疑問のある自己申告制の場合は、「なぜ、その時間を申告しているのか」を売り手会社の人事責任者に確認し、考え得るリスクについて「労務コンプライアンス報告書」に記載しておきます。

タイムカード等と自己申告制の両方を導入している会社もあります。その会社の注意点は、タイムカード等と自己申告の時刻のズレです。自己申告での退社時刻は早いのに、タイムカードではその2時間後に押されているとなると、やはり信憑性が低くなってしまいます。これまで監督署の臨検に対応してきた実感としては、その乖離はおおむね1日30分以内が一つの目安になると考えられます。その場合にはズレの原因・理由を確認したうえで試算し、「このぐらいの残業代が未払いになります」ということを報告しなくてはいけません。

そのほか、残業時間に関しては、30分未満は切り捨てて積算するなど不適切な運用をしている会社も少なくないので、その部分も踏まえて調査していくことが重要です。

どれくらいの期間について試算するのか

買い手の会社から、労務デューデリジェンスにおいて対象会社の労働時間と残業代について試算を依頼される場合、その期間はまず「2週間」でアタリをつけます。あまりの短さに驚くかもしれませんが、それほど時間を要することではありません。労務デューデリジェンスにおける未払い残業代の試算は、細かい数字が要求されるのではなく、「未払い残業代がある」という

ことに内在するリスクの程度を判断することが重要だからです。先述したように、実際の精算は労務デューデリジェンスを請け負う社会保険労務士がすることでも、労務デューデリジェンスを委託する買い手の会社が行うことでもなく、売り手の会社が対応することです。この点は十分に理解しておくべきです。

　期間は「2週間」が一般的という理由を考えてみましょう。

　M&Aの価格交渉は一般に千万・億円単位で行われるもので、百万単位という価格はまれです。そのため、労務デューデリジェンスにおいて、未払い残業代を細かい単位で試算する必要はないということもできます。

　万円、千円単位の額は、対象会社がその債務の額を個々の社員に支給するときや、対象会社の従業員がその会社に未払い残業代の返還を求めるような場合には重要です。ところが、買い手の会社が労務リスクを判断する際にはそれほど重要ではありません。試算する単位としては百万単位で算出し、この額ならどのようなリスクがあるかということを示していけばよいのです。

　極端な話、たとえば正確に計算すると85万円と試算できた場合、それを100万円と考えても50万円と考えても額自体に大きな問題はなく、デューデリジェンスのミッションとしては十分なのです。この点が精緻な数字を割り出すIPOにおける労務デューデリジェンスと異なります。

平均して算出したり、一定人数を抽出して試算する

　残業代の算出についていくつか手法を挙げておきましょう。たとえば、30分未満の残業時間を切り捨てて残業代を計算している対象会社であれば、切り捨てた時間を平均して計算する方法があります。切り捨てられているのは1分から29分の間ですから、平均して14.5分。これを対象会社の従業員全員に当てはめて残業代を試算するという方法です。

　ピックアップ（サンプリング）方式という手法もあります。たとえば各部署から一定人数（5人ほどというケースが多い）をピックアップし、ある月の残業時間を試算するという方法です。この方法で試算した数字に12倍すれば、年間の残業時間を算出でき、従業員全員の概算時間も試算できます。

なお、デューデリジェンスを行う時間的な余裕がない場合は、各部署の平均的な従業員1人で試算することもあります。

図18のように試算の仕方はさまざまですので、スケジュールに合わせて手段を選んでいくことが重要です。十分な時間がない状況でも、そのスケジュールに応じた手段を選択して行わなくてはいけません。そして、どのような手法で試算したかなどの情報をまとめ、買い手の会社に伝えれば、買い手の会社としても納得度が高まるはずです。

図18　残業時間・未払い残業代の算出のしかた

	対応法	計算例
(1) 30分未満の残業時間を切り捨てて残業代を計算している	切り捨てた時間を平均して計算	14.5分×1月あたり従業員平均残業日数×従業員平均残業時間単価×12×従業員数＝全体の年間未払い残業代概算額
(2) ピックアップ方式（サンプリング）	各部署から一定人数をピックアップし、ある月の1人あたり残業時間を試算	ある月の1人あたり残業時間×12×従業員数＝全体の年間残業概算時間 全体の年間残業概算時間×従業員平均残業時間単価＝全体の年間総残業代。実際に支払っている年間総残業代を差し引けば未払い残業代の概算額も算出できる

管理監督者の範囲を明確に

そのほか労働時間管理・残業代に関連して労務デューデリジェンスで注意すべきことは、対象会社における管理監督者の範囲です。すなわち、どの役職、階層にある社員を管理監督者として考えているのかです。

中小企業では、課長以上の役職者を管理監督者とし、課長職は労働時間管理を行わず、残業代も支給していないケースが多いのですが、管理監督者性の基準を定める行政通達に照らすとこれは少し無理があります。また、管理監督者であっても深夜労働に関しては割増賃金の支払い義務があることも知っておかなければなりません。

特に裁判では、経営と一体的な立場にないと管理監督者とは認められないという例が多いので、課長職を一律的に管理監督者とするのは難しいと言わ

ざるを得ません。多くが裁判に至るわけではありませんが、中小企業の実態を鑑みると課長職を管理監督者として盲目的に運用するのは危険であり、残業時間とすべき時間と、本来、受け取るべき残業代を試算することで課長職の概ねの実労働時間や、未払い残業代の実態を把握することは労務デューデリジェンスでは有用だと考えられます。

　その点についても、対象会社の過去の是正勧告や労基署の指導に対して、どのような対応をしたかをヒアリングすることでわかってきます。

(7) 長時間労働に関する監査の進め方

　長時間労働を行わせていても、その残業代を支給していれば問題はないという性質のものではなく、労務デューデリジェンスでは、法定労働時間を超えた労働を行わせているかどうかを調査し、そのことによってどのような労務リスクが想定されるかを監査することが求められます。

法定労働時間を踏まえた表を作成する
　法定労働時間は労基法第32条により1週40時間、1日8時間と定められています。また、三六協定で認められる残業時間の上限は1か月45時間、年間360時間が原則です。
　また、繁忙期等によりこれを超えてしまうことが想定される場合には、「特別条項付三六協定」を締結することで、月45時間を超過することが年6回まで認められます。
　ただし、この上限は年720時間までとされ、加えて2～6か月のそれぞれについて平均80時間以内、単月でも100時間未満に抑止する必要があります。
　そこで、一例としては、特定の人について、**図19**のようにエクセル表などで、毎日の残業時間（法定外労働時間）を時間単位でセルを埋め、月の残業時間が60時間、80時間、100時間など問題となる、つまり、いわゆる過労死の危険性があると判断される基準を超えてしまっているかどうかがわかる表をつくります。この表を、できれば半年ほどさかのぼって作成してみます。

従業員数が少ない会社の場合は、表に直接名前を書き込み、「○○さんは数か月連続で残業時間が80時間を超えています」とわかるようにレポートしたり「労務コンプライアンス報告書」に記したりするのも有効です。
　このような労働時間の把握を行わずにM&Aをしてしまうと、長時間労働の該当者に、M&A後に過労死や過労自殺者が出てしまう可能性がゼロとはいえません。取り返しがつかない事態になる可能性があるのです。不謹慎ですが、金額的にも数千万円、1億円を超える損害賠償金が買い手の会社に発生してしまう可能性があります。

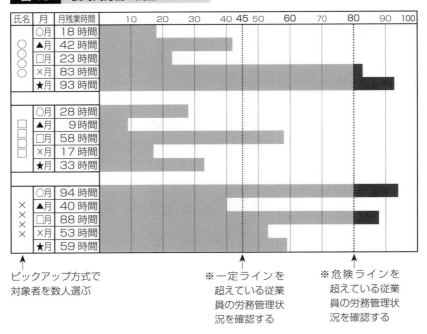

図19　長時間労働の調査のしかた

どのような対応を実施しているかをインタビューする

　長時間労働に関する調査では、金銭的なリスクよりむしろ健康面・精神衛生面のリスクにどう対処しているかが重要です。対象会社の人事責任者に対しては「長時間労働に対してはどのような対策をしていますか？」とインタビューし、対応を明確にしておくことが必要です。もし何も対応していないのであれば、今後の対応策を含めて「労務コンプライアンス報告書」に明記するということも大事でしょう。

　なお、何もリスクヘッジをしていないのであれば、対象会社のM&Aの際に、対象会社に損害賠償保険に入ることを勧めるのも一つの考え方です。損害賠償保険に加入することをM&Aの最終的な契約の前提条件として付記することで、対象会社にも長時間労働がもたらすリスクへの自覚が高まります。

　「働き方改革」もあり、長時間労働時間の上限規制がますます厳しくなってきています。そのような動向を踏まえ、潜在的な問題はないかを労務デューデリジェンスによって見ていくことで、かなり長時間労働のリスクは回避できるでしょう。

(8) 請負・派遣に関する監査の進め方

　請負・派遣に関する監査は、その仕事を行っている人への調査というよりむしろ、その請負・派遣契約が適正であるかどうかの調査になります。そのポイントは、
- 偽装請負の状態になっていないか
- 労働者派遣法に準拠しているかどうか

という2点があります。

法律への対応は弁護士がベスト？
　「法改正への対応の確認なら、法律だから弁護士が詳しいのではないか」と考える人もいますが、そうともいえません。弁護士が労働者派遣法への対応をしっかり確認することができるかというと、そこまで手が回らないというのが現状だからです。むしろ、弁護士の側にも、「そこは社会保険労務士に対応してもらいたい」という考えがあるようです。
　また、対象会社が適正な請負・派遣の受け入れを行っているかどうかについては、次の観点から確認するとよいでしょう。
- 禁止業務への派遣受入れをしていないか
- 離職後1年以内の労働者の派遣受入れ禁止は適切か
- 派遣受入期間の制限は適切か
- 事前面接の禁止に対応しているか
- 適切な派遣契約を結んでいるか
- 派遣元への情報提供の協力は適切か
- 社会・労働保険加入状況の確認を行っているか
- 苦情の処理体制の整備は適切か

- 派遣先責任者を選任しているか
- 派遣先管理台帳の作成は適切か
- 労働契約申込みみなし制度を設けているか
- 均等・均衡待遇（同一労働同一賃金）は考慮されているか

　一言で述べると、現行の請負契約に関する法律の規定は、受託者（M&Aの対象企業が注文者だとすると、その請負を受注した会社）の責任や義務・権限が強いものになっています。そのような理解をして、対象会社がきちんと請負・派遣を依頼しているかどうかを調査することが大切なのです。
　また、対象会社が請負の社員を受け入れている場合には、その労働者性の判断が重要となります。**図20**の事項を労務デューデリジェンスとしては確認しておくとよいでしょう。

図20　労働者性の判断基準

昭和60年12月19日労働省「労働基準法研究会報告（労働基準法の「労働者」の判断基準について）」

1・2を総合的に勘案することで、個別具体的に判断する。

1　使用従属性に関する判断基準
（1）指揮監督下の労働
　　①仕事の依頼、業務従事の指示等に対する諾否の自由の有無
　　②業務遂行上の指揮監督の有無
　　③拘束性の有無
　　④代替性の有無
（2）報酬の労務対償性

2　労働者性の判断を補強する要素
（1）事業者性の有無
　　①機械、器具の負担関係
　　②報酬の額
（2）専属性の程度
（3）その他

(9) 重要な「ヒアリング」時の留意点

　ヒアリングとは対象企業へのインタビューによる確認調査です。開示を求めた資料の内容から生まれた疑問点に対する回答を求め、問題点を補完することで、書面上ではわからない問題点を調査・確認します。
　ヒアリングのすべてが後述する「労務コンプライアンス報告書」に反映されるとは限りませんが、ヒアリングによって、対象企業がそのヒアリング事項に対してどのように考え、労務の課題としてどう対応しているかが見えてきます。
　労務は「人の問題」ですから、ヒアリングを行えば、対象企業の経営者をはじめ社員の"人となり"が見えてきます。その考え方・対応によっては、M&Aのあと、一筋縄では解消できにくい状態として尾を引くケースがないとも限りません。
　もちろん、逆に「M&Aの成立いかんにかかわらず、すぐに解消される」ような課題もあります。ですから、ヒアリングの対象企業には、ヒアリングの時間を調整することをはじめ、協力的に対応することが求められます。

ヒアリングリストを作成する

　ヒアリングでは、**図21**のようなヒアリングリストを作成します。どのカテゴリーの、どんなことを確認し、どのような回答を受けたかをまとめたものです。これは労務デューデリジェンスを実施するうえでの内部資料の一部と考えてよいのですが、内容を整理したうえで労務コンプライアンス報告書に添付し、買い手の会社に提出する場合もあります。

図21　ヒアリングリストの一例（対象企業が小売業の場合）

カテゴリー	確認事項	回答内容
給与	POSの性格上、レジ締めを行うのは店長など決まった人である可能性が高い。各店舗でPOSを利用している人の氏名を教えてほしい	すべてのスタッフがPOSを使用する。レジ締めは店長・副店長クラスが行うが、出退勤、売上計上等は日々、すべてのスタッフが行う
給与	賃金台帳には「土日祝手当」という項目があるが、この手当の内容、算出方法が明解に示されていない	土日祝日は繁忙なため時給が高くなるが、それを土日祝日に出勤する条件の契約社員に手当として支給している。月額3万円を原則として、土日祝日に1日休んだら3,000円マイナスする。逆に土日祝日に出勤しない条件の契約社員が土日祝日に出勤した場合は1回につき3,000円加算している
給与	同じ店舗に勤務していて、基本給が高い人と低い人を比較すると、低い人のほうが、時間外手当が高額になっているケースがあるが、なぜか	原則は月8日休日として基本給を算出するが、月10日休日のスタッフがいて、その場合は基本給が2日分少ない。ただ、時間外の計算では月2日分を出勤した状態で残業代の計算の基礎としている。そういう社員が各店舗にいる。詳細はあらためて問いあわせてみる
給与	残業手当算出の計算の基礎とする賃金は基本給、役職手当のほかにあるか	基本給と土日祝日の手当だけであり、役職手当は含まれていない
その他	採用面接における注意すべき質問内容を事前に面接担当者に周知、教育しているか	履歴書の内容の確認後、当社の経営理念が共有できるか確認している。面接担当は10年ほど同じ1人の担当者なので、特に教育はしていない
その他	内定通知者に内定取消事由を明示しているか。明示している場合、その内容を知りたい	明示していない

　内容的には、労務デューデリジェンスの基本的な流れの「③資料の収集と精査」だけでは本当のところが見えてこない、といった部分をヒアリングします。たとえば、「賃金台帳には『土日祝手当』という項目があるが、この手当の内容、算出方法が明解に示されていない」というヒアリング事項があ

れば、それを人事労務の責任者に確認し、「土日祝日は繁忙なため時間給が高くなるが、それを土日祝日に出勤する条件の契約社員に手当として支給している。月額3万円を原則として、土日祝日に1日休んだら3,000円マイナスする。逆に土日祝日に出勤しない条件の契約社員が、土日祝日に出勤した場合は1回につき3,000円加算している」といった回答を受ける——といったことです。

違法の可能性があっても即断せず、正確な報告に努める

　ちなみに、この場合の「土日祝手当」の適法性・違法性については即断しません。また、実際にM&Aを行う買い手の会社がどう判断し、どう対処するかもヒアリング段階では何ともいえません。

　大事なことは、疑問点をあぶり出し、それに対してどういう回答を得たかを正確に記述しておくことです。それが間違った対応がどうか、賃金制度全体を勘案してどう修正したらよいか、といったことは、本来の労務デューデリジェンスというよりコンサルティングの話なのです。少なくとも、買い手の会社、売り手の会社、精査する社会保険労務士の三者がこの共通した理解をもっておいたほうが、労務デューデリジェンスはスムーズに進みます。

ヒアリングは複数で面談する

　ヒアリングの正確性を期すため、できるだけ複数でヒアリングを行うことが一般的です。ヒアリングの内容によっては「これは財務のデューデリジェンスに影響してくる」「ここの対応を修正しないと、M&Aは実現しにくい」と思うような面が出てくることもあります。そうしたとき、複数で情報共有しつつヒアリングにあたることの重要性が増してきます。

　一方のヒアリングを受ける売り手の会社側も1人で対応するより、たとえば人事の統括責任者と現場責任者の2人で対応したほうがよいでしょう。言い間違いを防ぐことができますし、インタビュー対象者の負担を軽減することができます。

⑽ 実際の「労務コンプライアンス報告書」を確認してみよう

　労務デューデリジェンスでは、売り手の会社の諸規程の監査や必要なヒアリングを終えた段階で、「労務コンプライアンス報告書」を作成します。ここでは、実物をご覧いただいたほうがよいと考え、ある対象会社に対して行った労務コンプライアンス報告書を要約して紹介しておきます（**巻末資料1**（118ページ））。「管理職へのヒアリングシート」（**巻末資料2**（129ページ参照））と合わせてご参照ください（編注：作成当時の内容なので、その後の法改正に対応していない部分があります）。

　なお、会社名・部署名・個人名については伏せ、対象会社が特定される部分については伏せたり割愛したりしています。また、買い手の会社に対する報告書としての表書きなどは省いている点もご了承ください。

M&Aにおける社労士と他の士業との連携を整理する

　M&Aのプロジェクトにメンバーとして社会保険労務士が関わるケースは、かつてはそれほど多くはありませんでした。しかし、前述のように、公認会計士、弁護士だけでは確認しきれない部分があるのは明らかで、社会保険労務士の立場・観点からのアドバイスによって買い手の会社が避けることのできるリスクもたくさんあります。そのため、デューデリジェンスのなかでも、労務に関わる監査やリスク分析の重要性は高まってきています。

　労務に関わる監査やリスク分析では、社会保険への加入状況への確認、長時間労働をはじめとした労務管理、未払い残業代、退職金など労働債務に関する詳細な確認をはじめ、M&A後の対応という点でも、社会保険労務士が加わることでリスクの発見や対応を迅速に行い、トラブルを未然に防ぐことができます。特にPMIと、さらに、シナジーを発揮し得る経営体制・労務

管理体制の構築においては、社会保険労務士の知見を活かせる場といってよいでしょう。

　したがって、公認会計士や弁護士など他の士業メンバーとコミュニケーションをとり、「彼らに任せる部分と、自分がチェックする部分」を明確にしていき、より安全（社会保険労務士もまた、自分自身に降り掛かるリスクを避けなければいけません）にM&Aを進めていくことが重要です。

第3章

組織再編・M&A と
労働契約の取扱い

(1) 重要なのは「労働契約」がどう承継されるか

　M&Aのうちもっとも一般的な株式譲渡では、買い手の会社は売り手の会社から株式を譲り受けるだけで、外見的には「会社の中身は変わらない」といえます。したがって、当然、従業員の労働契約も変わることはありません。むしろ、きちんと変わらずに労働契約が承継され、その契約にもとづいて、売り手の会社の従業員が働いているか、が重視すべきことです。

　それに比べて、事業譲渡や会社分割の場合、いわば会社の一部分を切り出して、外部に売却するというイメージなので、従業員の労働契約も変わります。法的には「労働契約の移転」ということが行われます。

　事業譲渡と会社分割では、労働契約移転の取扱いが異なるので、どのように違うのかをしっかりと押さえておく必要があります。

事業譲渡と会社分割での違い

　M&Aの手法の1つである事業譲渡は、「特定承継」による資産や契約関係の移転を行います。そのため、1つひとつの資産や契約関係ごとに移転の手続きを行います。労働契約関係もその例外ではなく個別に移転させることになるため、従業員の個別の同意が必要で、事業譲渡に関わる従業員それぞれに同意を得なければなりません。なお、この特定承継において「労働組合がある場合にどう対処するか」という問題があり、それは別途協議することになります。

　一方、会社法に規定された組織再編としての会社分割は「包括承継」による資産や契約関係の移転であるため、原則として、個別の移転手続きを行う必要はありません。会社分割における労働契約の承継については、労働契約承継法や改正商法の附則第5条（後述する「5条協議」）が適用されます（**図**

22参照)。会社分割を行うとき、従業員がこれまで従事してきた業務を失ったり別の業務に就いたりすることを保護するために定められたのが労働契約承継法であり、重視されるのが後述する「5条協議」、「7条措置」と呼ばれる手続きです。

　会社分割では、資産や契約関係の移転については、分割契約か分割計画で定めます。労働契約を移転するか否かについても分割契約などで定めます。

　合併の場合は、特別な法律上の規制はありませんが、同一のグループであっても別々の会社の従業員が一緒に働くのですから、労働条件をどう統一していくかという配慮は必要です。

　すべてのスキームを含めて実務上重要なのは、いつ、どのようなタイミングで従業員との協議も含めた労働契約の手続きを行うかということです。計画的に進めていくことが求められます。

図22　事業譲渡の特定承継と会社分割の包括承継

			契約関係	契約関係の留意点	雇用関係は？
特定承継	事業譲渡	→ 事業に関する財産等を個別に移転する	債権・債務の移転は個別に必要	債権（売掛金等）の移転には債権譲渡の手続きが、債務（借入金等）の移転には債権者の承諾が必要	雇用関係を移転する際は、個別に従業員の同意を得なくてはならない
包括承継	会社分割	→ 事業に関する財産・権利義務を一括して移転する	相手方の個々の同意等を得る必要はない	債権者の利益が害されるおそれがあるので、債権者保護の手続きが設けられている	従業員の同意は不要だが、労働承継法が適用されるため、労働契約承継法所定の手続きを経る必要がある

(2) 事業譲渡における労働契約承継の注意点

　事業譲渡というのは、いわば"1つひとつの売買の集合体"のようなものです。1つの事業の譲渡といっても、さまざまなモノやヒトという資産の移動・売買が行われるのです。

従業員の移動は常に「三者合意」で成り立つ
　まずは、従業員の移動についての問題です。
　たとえば工場を事業譲渡する場合、その工場で行っている事業を売買することになります。その際は、資材の売買、原材料の仕入先や物流会社といった取引先の売買などが工場の売買に含まれます。そして、工場で働いていた従業員も移転されることになります。
　このとき、従業員の労働契約も、そのまま移転するというわけではありません。個々の資産や取引先が自動的に移るのではなく、それぞれ必要かどうかを確認してから移動するのと同様に、個別の従業員ごとに労働契約が移転するということを、同意しなければなりません。
　この同意をとることは、いったん対象会社の従業員には対象会社を辞めてもらって、その後買い手の会社に再就職すると考えればわかりやすいでしょう。
　まず、対象会社を辞める際には、対象会社の同意、それと必ず本人の同意が必要です。一方、買い手の会社側に入社してもらうという同意をして、再雇用が成り立つのです。
　つまり、対象会社・本人・買い手の会社の三者合意が必要なのです。この三者のなかで1人（1社）でも同意しない人（会社）がいた場合、該当する従業員が移ることはありません。事業譲渡における人の移動、労働契約の承

継はこのようなかたちで、従業員個々の同意をとり直す必要があるのです。

買い手の会社が同意しないケースもあり得る

　三者のうち誰かが同意しないケースを考えてみましょう。まず一般的なのは、ある事業に精通しているベテランが「私はこれまで働いてきた会社に愛着がある。絶対移りません」といい張る場合です。これは移しようがありません。そのため、結局、対象会社を退職し、自分で再就職・転職活動を行う可能性もあります。

　逆に、対象会社の従業員が、「新しい会社でも前と同じような業務ができ、会社も大きいから行きたい」と思っていても、買い手の会社が調査したところ、勤務態度や成績がすごく悪いことがわかり、「いや、この人はいらない。他の人をください」となると、この従業員は移ることができません。

　このようなことが事業譲渡の一つの特徴であり、それを織り込んでM&Aをしていかないといけないのです。

労働契約の内容が変更される場合は？

　もう一つの問題は、労働契約の条件内容についてです。

　事業譲渡では、従業員は対象会社をいったん退職してから入り直すわけですから、このタイミングで労働条件を低く設定することもあり得ます。そのとき、前の会社と新しい会社での労働条件の格差にどう対応するかという現実的な問題が発生します。その場合は、

　「新しい会社に移るとき、賃金はこの金額しか出せないけど……」
　「その賃金なら私は行きたくありません」

といったやりとりが出てきます。そうなると、三者合意が成立しないので、この従業員が移ることはありません。最終的には、その従業員と対象会社との話し合いで解決しなくてはならない問題です。

　これは、対象会社の賃金が買い手の会社より高い場合に起こる問題ですが、今日、個々の従業員の他社との給与格差は会社によってかなり大きくなっています。そのため、今後このように賃金水準が事業譲渡のネックになるケー

スは増えてくるでしょう。
　したがって、事業譲渡を行う際には、賃金を下げるという手法をとらざるを得ない状況になってくるケースも増えるはずです。これは労働条件の不利益変更に当たりますから、買い手の会社としては、「対象会社の賃金は維持できない」ということと、その理由などをしっかりと該当する従業員に説明し、同意してもらうことも必要になります。

(3) 事業譲渡で買い手の会社が労働契約の承継を強制される場合もある

　事業譲渡では、三者合意しなければ従業員が移ることはありません。しかし、実際には、買い手の会社が労働契約の承継を強制されるパターンが2つあります。1つ目が買い手の会社と対象会社の株主、経営者、事業が同じというパターンです。2つ目は労働組合法との調整が必要な場合です（**図23**参照）。

図23　買い手の会社が労働契約の承継を強制される2つのパターン

①買い手の会社と対象会社の株主、経営者、事業が同じ場合	→	会社の再建のための形式的手法とみなされる
②労働組合法との調整が必要な場合	→	非組合員だけを受け入れる"組合つぶし"とみなされる

※どちらの場合も、労働者保護の観点から「認められない」とされるケースとなる

労働者保護の観点から、看過できない

　まず、買い手の会社と対象会社の株主、経営者、事業が同じというパターンです。では、なぜ実質的に同じ会社なのに、わざわざ新しい会社をつくって事業譲渡するのか。経営が厳しくなり、いったん事業をたたんで、うまく従業員をリストラして再スタートすることが考えられるからです。換言すると、会社の再建のために形式的にやっているわけです。これと似たような再建方法に、第2会社の設立による事業再生という手法があります。

　このような場合は、会社法の観点からは問題ないかもしれませんが、労働法の観点で見ると、労働者保護の点で看過できないケースです。対象会社と受け入れる会社は、実質同じものだとみなされるからです。その場合には、「労

働条件はそのまま引き継がなければならない」と考えるべきでしょう。

"組合つぶし"の道具に事業譲渡を使うケースも…

たとえば、対象会社の従業員が過激な労働組合に入っていて、どうにも事業が立ち行かないとなった場合に、別の会社をつくって、その会社に過激な組合に入っていない従業員だけ受け入れようとする場合があります。

この行為そのものは会社法の観点からは問題ないとしても、労働組合法の観点で見ると、不当労働行為、不利益な取扱いとみなされてしまう可能性が高いといえます。対象会社と買い手の会社の間では、「非組合員だけを受け入れる」という合意を行うのですが、その点が労働組合法をもとにした判断で否定されてしまうと、全員を受け入れざるを得なくなってしまうのです。

労働契約の承継を強制されるパターンとしては上記の2つになるのですが、単純に「賃金を引き下げる」という対応が認められなかった判例もあります（勝英自動車事件、平17・5・31東京高判）。この判例では、営業譲渡に際し、賃金等の労働条件が相当程度下回る水準に改訂されることに異議のある従業員を個別に排除する目的で行われた解雇は、客観的に合理的な理由を欠き、社会通念上相当として是認することができず、解雇権の濫用として無効とされました。こうなると、労働契約をそのまま引き継がざるを得ません。

(4) 事業譲渡後の労働契約承継のポイント

　事業譲渡の際に押さえておかなくてはいけないポイントは、ただ事業の譲り受けで終わりではなく、受入れ後にその事業がシナジーを発揮して事業が成長するかどうかを見極めていくことです。成長がなければ、その事業譲渡は失敗に終わったということもできます。

　先述したとおり、事業譲渡は基本的には三者の合意がなくては労働契約の承継ができません。したがって、賃金の低下が原因で、半数以上の従業員が新しい会社に行きたくないというような場合、対象会社はもちろん、買い手の会社でも、その事業が立ち行かなくなるという可能性すらあります。

従業員の数が足りていれば、それでいいのか？

　事業の譲渡を受ければ、「ウチは人が余っているから、人が来なくても大丈夫」「ウチは派遣社員で対応できるから、従業員は辞めても問題ない」という買い手の会社もあります。

　しかし、ただ従業員の数さえ足りていればいいという問題ではない場合もあります。考えられるのが、「譲渡を受ける事業のキーパーソンの存在」です。

　労働力の多寡ではなく、そのキーパーソンの経験や技術がなくては、この事業が回っていかないという場合があります。このような場合でも、その個人の同意がなければ、その人は新しい会社に移ってくることはありません。すると、買い手の会社としては困惑する事態になってしまいます。

　この事態を防ぐには、事業譲渡の契約書自体に、このキーパーソンの個別同意を盛り込むという対応もあります。**図24**のように、その条項を盛り込んで、事業譲渡とキーパーソンをセットにして契約を進めるのです。

図24 キーパーソンの同意条項を盛り込んだ、事業譲渡契約の例

キーパーソンの転籍承諾書を取り付けるための努力義務を課す	→	例
		必要とする労働者の転籍承諾書が得られなかった場合には、譲渡価格を減額する等の条件を組み込む

賃金の引下げになる場合、その説明会をいつ、どう開くか

　事業譲渡の契約後、もう1つのポイントが、特に賃金の引下げがある場合の従業員への説明会をどう開くかです。

　賃金が引き下げられるとなると、従業員から不満も出て、あとになって退職する人が続出する可能性もあります。外部から組合が入ってきたり、紛争になったりすることも考えられます。

　それらの問題を発生させないためにも、本来は、対象会社の役員と買い手の会社の役員とで事業譲渡契約の大筋がまとまった段階で説明会を開きます。その内容としては、対象会社は、「事業譲渡がスムーズに成立しないと、この事業自体を閉鎖しなくてはいけない」という現実的な問題があるということをまず説明します。そのなかで「買い取ってくれる会社がある」ということ、さらに「それなりに譲歩はしても、賃金が下がってしまうこと」などがあれば、従業員の皆に納得してもらえるように説明することが、事業譲渡を成功させる重要なポイントです。

　この説明会でも納得のしない従業員に対しては、事業譲渡の場合は、出向でいったん買い手の会社に移って働いてもらうという手段もあります。出向で実際に働いてみて、仕事場の内容や職場の雰囲気などが問題ないのであれば、転籍してもらうことを提案することも手段の1つです。

(5) 会社分割での労働契約の承継では どのような問題があるか

　会社分割では事業承継とは違い、「包括承継」という形式で承継されます。事業を資産も人も、丸ごと移転するのです。したがって、工業所有権や雇用契約なども、原則的にそのまま移転することになります。

メリットがデメリットにもなる
　包括承継の労務上の最大のメリットは、従業員本人の同意なしで強制的に買い手の会社に移動させることができるという点です。しかし、裏を返すと、労働条件を変更できないというデメリットにもなり得ます。従業員の移動後に賃金の改定はできますが、会社分割の段階では、賃金が高いなら高いままで買い手の会社は受け入れなくてはいけません。
　注意したいのは、労働契約が変わらなくても、従業員には説明会や個別の話し合いで説明する必要があるということです。会社分割の場合には、労働契約承継法という法律の適用を受けます。従業員が買い手の会社に移る際に、「会社同士だけで勝手に決められては困る」ということで、その取扱いを規定しているのです。労働契約承継法に沿ってしっかりと会社分割について従業員に説明し、手続きとして労働契約を保証することが対応の主眼になっています。

労働契約承継法の「効力」を整理しておこう
　労働契約承継法の「効力」とはどのようなものでしょうか。
　基本的には、たとえば、会社分割の対象となる工場で「主として従事している」従業員について、会社分割契約に「この工場に主として従事している従業員は承継します」ということが書いてあれば、その労働契約も、主とし

て従事している従業員そのものも買い手の会社に承継されます。

　しかし、注意しなくてはいけないことがあります。その工場で働いていたにもかかわらず、買い手の会社が「この人は不要です」ということ、逆に対象会社が「この人は渡しません」といったように、対象の従業員が移ることを制限しているケースがあるのです。

　従業員からすると、そんなことを勝手に決められても困ります。そこで労働契約承継法の効力が発揮されます。対象の従業員が「私も対象の工場で働いていたのだから、買い手の会社、新しい会社に行きたいです」と異議を申し立てることができるのです（**図25** 参照）。

　異議を申し立てた場合には、当然、移ることになります。

　一方、もしこの対象になった従業員が「私はもとの会社に残りたいから、異議を申し立てません」ということであれば、もとの会社に残ることも可能です。

　労働契約承継法では、このような包括承継を規定しながらも、その選択肢を対象従業員に委ねることができるのです。

　この効力については、会社分割の対象になっている事業に従事していなかった従業員を、承継の対象にするという活用もあり得ます（(6)で解説）。この活用自体は可能な手段ではありますが、当然、本人が買い手の会社に行きたくないという異議を申し立てれば、強制的に移ることはできなくなります。

第3章　組織再編・M&Aと労働契約の取扱い

図25　労働契約承継法での異議申立て

下記のような書面で異議申立てができます。

　　　　　　　　　　　　　　　　　　　　　　　　　　　○年○月○日

　　　　　　　会社分割に伴う労働契約の承継に関する異議の申出

　　株式会社○○○○ 人事部 御中

　　　　　　　　　　　　　　　　　　　　　　　　株式会社 ○○○○
　　　　　　　　　　　　　　　　　　　　　　　　○○部 ○○課
　　　　　　　　　　　　　　　　　　　　　　　　○○○○（氏名）

> 承継される事業に主として従事しているが、承継会社等に労働契約が承継されない場合

　　　　　私は、会社分割に伴う労働契約の承継等に関する
　　　　法律第4条第1項の規定に基づき、労働契約が承継
　　　　会社等に承継されないことについて、異議を申し出
　　　　ます。

> 承継される事業に主として従事していないが、承継会社等に労働契約が承継される場合

　　　　　私は、会社分割に伴う労働契約の承継等に関する
　　　　法律第5条第1項の規定に基づき、労働契約が承継
　　　　会社等に承継されることについて、異議を申し出ま
　　　　す。なお、私は、承継される事業に主として従事し
　　　　ていないものと考えています。

※『会社分割に伴う労働契約の承継等に関する法律（労働契約承継法）の概要』（厚生労働省）をもとに作成

(6) 承継事業に「主として従事している」とはどのようなことか

　労働契約承継法では、「主として従事している」という用語が大きな留意点です。対象会社の従業員にとっては、承継事業以外の事業に従事している場合があるほか兼務している場合もあり、端的に判断することがむずかしくなってくるケースも多いからです。
　その場合には、
- 労働時間の何割を承継事業に費やしているか
- どのような役職で業務を行っているか

などを総合的に見て、承継事業に主として従事しているかどうかを判断します。

会社分割の直前に行う配置転換に注意

　具体的な判断基準については、法の指針に細かく書かれてあります（**図26**参照）。実務上、判断に迷う場合は、この指針をしっかりと確認する必要があります。

図26　「主として従事する業務」に関する基本的な考え方

（労働契約承継法、指針(3)のイより）

会社分割は、会社の事業に関して有する権利義務を単位としてなされるものであるが、承継事業に主として従事する従業員に該当するか否かについては、承継会社等に承継される事業を単位として判断するものであり、その際、その事業の解釈に当たっては、労働者の雇用と職務を確保するといった法の労働者保護の趣旨を踏まえつつ、「一定の事業目的のために組織化され、有機的一体として機能する財産」であることを基本とする。

　ここで1つ注意しなくてはいけないことは、会社分割の直前に配置転換を

行うことです。

　たとえば、対象会社としては不要になった従業員を、会社分割の直前に配置転換により対象事業に従事させ、買い手の会社に渡してしまうことが行われるケースがあります。このように関係のない従業員を意図的に主として従事している業務に配属させる対応は、異議申立ての要因になります。結局、売り手・買い手双方にとって納得いく会社分割にならない可能性も大きいので、従業員を直前に配置転換することは得策だとはいえません。

　このようなことを行うのであれば、事前に承継される事業があることが確認でき次第、対象会社における定期的な配置転換のタイミングに配置転換して、ある程度の期間は対象の事業に就いてもらうなどの準備をしていく必要もあるでしょう。

承継する「事業」の定義を押さえておこう

　会社分割で承継する「事業」とは、営業用財産である物や権利だけでなく、「得意先関係、仕入先関係、販売の機会、営業上の秘密、経営の組織などの経済的価値のある事実関係を加え、一定の営業目的のために組織化され、有機的一体として機能する財産」のことをいいます。また、会社分割による承継の対象は、分割会社の「事業に関する権利義務の全部または一部」と定義されています。すなわち、特定の資産や債務のみを承継の対象とする会社分割も可能なのです。

　ただし、一般的には承継される事業の内容によって、承継対象の範囲が具体的に決まってくる面もあります。どういう事業を承継するかについては、このような定義を踏まえておくことも大切です。

第4章

組織再編・M&Aと
労働契約承継法の勘どころ

(1) 労働契約承継法の手続きを踏むことの重要性

　会社分割の際には、労働契約承継法の定めた手続きを踏んで進めていかなければならず、ここがおざなりになってしまうと、従業員の買い手の会社への承継ができなくなってしまいます。しっかりとした手続きというものは、①7条措置に対応すること、②5条協議に対応すること、③従業員への通知を適切に行うことの3項目に集約できます（**図27**参照）。

図27　労働契約承継法に定める主な手続き

①7条措置への対応	すべての従業員の理解と協力を得るよう努める
②5条協議への対応	労働契約の承継について従業員と個別に協議する
③従業員への適切な通知	分割後の分割会社・承継会社の概要や予定されている従事する業務の内容などについて記載した通知を行う

従業員からの異議申立てが可能
（通知日から異議申立て期限は13日以上）

従業員の理解と協力を得て、従業員と協議する

　上記①の7条措置とは会社分割に関して、「すべての従業員の理解と協力を得るよう努める」ということです。そして上記②の5条協議とは、「労働契約の承継について従業員と個別に協議する」ということです。いずれも措置・協議の内容は後述します。これらを実行し、その後に、従業員に対して、分割後の分割会社・承継会社の概要や予定されている従事する業務の内容などについて記載した通知を行います。

　この通知を受け取った従業員は、異議があれば異議申立て期間中に異議の申立てをすることができます。

(2) 7条措置とはどのようなことか

　7条措置とは「労働契約承継法7条」に規定された措置です。具体的には、会社分割の際に対象となった事業において、いくつかの事業所で行う業務がある場合、すべての事業所の過半数代表に対して、**図28**に示した5つの項目について協議を行います。

　なお、この7条措置は、次項で述べる5条協議を始めるまでに行うこととなります。

図28　7条措置で必要な5項目の協議

5条協議を始めるまでに行うこと	①会社分割を行う背景と理由
	②会社分割の効力発生以後における分割会社と承継会社等の債務の履行の見込みに関する事項
	③承継される事業に主として従事する労働者に該当するか否かの判断基準
	④労働協約の承継に関する事項
	⑤会社分割にあたり、会社分割・承継会社と関係労働組合・労働者との間に生じた労働関係上の問題を解決するための手段

7条措置を怠ったら、その会社分割はどうなるか

　7条措置を怠った場合、対象会社、ひいては買い手の会社との会社分割にはどのような問題が生じてしまうのでしょうか。

　7条措置は法律でいうところの「努力義務」に分類されます。したがって、これ自体を実施しなかったからといって、「行う努力をしていなかった。怠慢だった」というだけで、すぐに罰則があるとか、何か問題が起こるというものではありません。

しかし、7条措置を怠ると、7条措置のあとに行う「5条協議」への対応に問題が生じてしまう可能性があります。7条措置への対応を十分に行わなかった場合、「それでは5条協議も十分に行われませんでしたよね。そうなると、会社分割での従業員への対応については不備があるといわざるを得ません」といった解釈をされてしまうのです。

実際に7条措置が問題になった裁判（日本IBM会社分割事件、平22・7・12最2小判）がありました（**図29**参照）。そのときに最高裁は「7条措置を怠ったから、ただちに労働契約が承継されないというものではない」と判断してはいるのですが、この後に続く5条協議に関して、「7条措置をしっかり行っていないということは、5条協議も不十分である可能性はある」として、会社分割そのものが無効ともなり得るという判断をしたのです。

日本IBM会社分割事件では、結局、会社分割は有効とされたのですが、「7条措置を怠った場合には、その後の5条協議に影響を及ぼす。両方とも適法に行っていないと判断できる場合は、会社分割そのものが無効ともなり得る」ということは重く受けとめるべきです。

図29　日本IBM会社分割事件（平22・7・12最2小判）の概要

日本IBMが、新設分割の方法により、その事業部門の一部につき会社分割を行ったところ、これにより日本IBMとの間の労働契約が新設会社に承継されるとされた従業員が、この労働契約は、その承継手続きに瑕疵があるので新設会社に承継されず、上記分割はその従業員に対する不法行為に当たるなどとして、日本IBMに対し、労働契約上の地位確認および損害賠償を求めた。
7条措置を怠ったから、労働契約が承継されないわけではない
↑↓
7条措置をしっかり行っていないということは、5条協議も不十分である可能性はある

会社分割の対象事業と非対象事業は区別して対応する

対象会社が7条措置に対応するポイントを見ていきましょう。

まず、会社分割の対象となる事業所ごとに、その事業所で働いている従業員から、従業員代表を選任します。

ここでのポイントは会社分割の対象となる事業所と、対象ではない事業所を明確に区別することです。

　会社分割の対象となる事業所に対しては、しっかりと7条措置に対応した説明を従業員代表に行い、その後に実質的には個別説明を実施します。会社分割は包括承継が適用され労働契約を含め対象資産全体が承継されますが、実務上は個々の従業員にまったく説明の必要がなくていいというものではありません。何らかの形で個々の従業員への説明や確認はあってしかるべき、と考えます。

　一方、会社分割の対象ではない事業所、その事業に従事する従業員については、その会社分割に関連する資料を社内SNSやイントラネットなどを使って共有するという手段で伝達するとよいでしょう。そのように明確に区分することで、時間をかけるべきところに対して十分に時間を割くことができます。

協議での質疑応答は文書に残しておく

　もう一つのポイントが、会社分割の対象事業所の従業員代表からの質問や要求に対して回答するときには、**図30**のようにその通知内容を文書に残しておくことです（図は新設分割のケース）。そのうえで、質疑応答の内容を通常の議事録というスタイルに残しておくことでも一向にかまいません。そうすることで、のちのち問題が発生したときに、どのような回答をしたか証拠として残しておくことができるので、トラブルを未然に防ぐことにもつながります。

図30　会社分割に伴う労働協約の承継に関する通知

○年○月○日

労働組合への通知（新設分割の場合）

会社分割に伴う労働協約の承継に関する通知

○○労働組合　御中

株式会社○○○○
人事部長○○○○

　当社は、会社分割をすることとし、当社を新設分割会社、○○○○株式会社を新設分割設立会社（以下「設立会社」という。）とする新設分割計画を締結しました。当該会社分割に関し、会社分割に伴う労働契約の承継等に関する法律（以下「法」という。）第2条第2項の規定に基づき、下記のとおり通知します。

記

| 施行規則第3条第1号→同第1条第3号の事項 | 1　設立会社に承継される事業の概要 |

当社の○○部門に関する事業

（範囲を明示するだけでは労働者の氏名が明らかにならない場合は、当該労働者氏名を通知する）

| 施行規則第3条第2号の事項 | 2　労働契約が設立会社に承継される労働者の範囲 |

当社の○○部門に関する事業に従事している労働者

| 施行規則第3条第1号→同第1条第4号の事項 | 3　会社分割がその効力を生ずる日（以下「効力発生日」という）以後における商号、住所・所在地、事業内容及び雇用予定労働者数 |

	当社	設立会社
商号	株式会社○○○○	○○○○株式会社
住所・所在地	東京都○○区○○○丁目○番○号	東京都○○区
事業内容	○○に関する事業、○○に関する事業及び○○に関する事業　等	○○に関する事業、○○に関する事業及び○○に関する事業　等
雇用予定労働者数	○人	○人

（○年○月○日現在）

雇用予定労働者数は、効力発生日以後に雇用することを予定している全労働者数（正社員に限らず、短時間労働者等や新規に雇用される労働者も含む）を記載する

分割計画では所在地を定めることになっていることによりますが、○○○丁目○番○号まで通知が可能であるときは、これを通知することも差し支えない

第4章　組織再編・M&Aと労働契約承継法の勘どころ

| 施行規則第3条第1号→同第1条第5号の事項 | 4 | 効力発生日
　○年○月○日 |

| 施行規則第3条第1号→同第1条第7号の事項 | 5 | 効力発生日以後における債務の履行の見込みに関する事項
　当社及び設立会社は、効力発生日以後における債務の履行の見込みについて問題がありません |

> このほか、会社法の規定に基づいて事前開示する債務の履行の見込みに関する事項の要旨等を記載することも考えられる

| 法第2条第2項の事項 | 6 | 労働協約を承継する旨の新設分割計画における定めの有無
　当社が作成した新設分割計画には、貴労働組合と締結している労働協約を設立会社が承継する旨の定めが　あります／ありません |

| 施行規則第3条第3号の事項 | 7 | 労働協約を承継する旨の新設分割契約における定めの内容（定めがある場合のみ） |

> 定めがある場合のみ、その内容の要旨を通知する

　貴労働組合に対し貸与している組合事務所100平方メートルのうち、40平方メートル分の貸与義務を分割会社に残し、60平方メートル分の貸与義務を設立会社に承継すること

※『会社分割に伴う労働契約の承継等に関する法律（労働契約承継法）の概要』（厚生労働省）をもとに作成

(3)「5条協議」とはどのようなことか

　5条協議という名称は、平成12年商法等改正法附則第5条からきています。5条協議は7条措置を実施したうえで、重要になってくる協議です。

　この協議の対象となる人物は、対象会社の従業員全員ではなく、対象事業に従事していた従業員全員になります。これは対象会社の従業員の代表者が対象ではなく、従業員1人ずつに個別に説明・対応していかなくてはいけないということです（労働組合を代理とした場合は、労働組合でよいこととされています）。

　なお、平成28年には、承継する事業に従事していた従業員以外にも、会社分割契約書において承継される従業員、つまり「『承継事業に従事していないものの承継される可能性のある従業員』にもこの5条協議を行わなくてはいけない」という指針が改正で追加されました。

労働契約の承継の有無を確認し、その内容を個別に説明する

　5条協議では、まず労働契約の承継の有無の確認をします。そして承継する内容について、1つひとつ従業員に個別に説明します。その内容は、**図31**のように労働契約の継承内容、従事する業務の内容、就業場所などについてです。

　加えて、対象会社に債務がある場合、対象会社と買い手の会社でどのようにその債務が履行されるか、その見込みに関する事項についても説明が必要です。賃金の支払いに関しても説明することになります。たとえば、残業代や給与等の遅配など従業員にとっての労働債権がある場合に、どのように支払われるか、ということです。

図31　5条協議において説明すべき主な内容

十分に説明を行うべき事項	① 会社分割の効力発生日以後、その労働者が勤務することとなる会社の概要
	② 会社分割の効力発生日以後、分割会社および承継会社等の債務の履行の見込みに関する事項
	③ 承継される事業に主として従事する労働者に該当するか否かの考え方　など
本人の希望を聴取したうえでの協議事項	④ 本人の希望を聴取したうえで、その従業員の労働契約の承継の有無
	⑤ 承継するとした場合、または承継しないとした場合に、その従業員が従事することを予定する業務の内容、就業場所その他の就業形態　など

※分割契約書等を承継する株主総会の2週間の日の前日までに、説明を実施

　なお、5条協議に関する説明は買い手の会社が分割契約書等を承継する株主総会の2週間の日の前日までに行っておく必要があります。

5条協議を怠った場合はどうなるか？

　5条協議は7条措置とは異なり、法的な義務です。その5条協議を怠った場合には、会社分割の契約書に「包括的に承継する」といった文言が書いてあっても、その会社分割を不服とする従業員などから裁判を起こされると、承継できないという事態になってしまう可能性があります。

　ある従業員が「5条協議で、きちんと説明がなされていません。したがって、私は新しい会社には行きたくありません」と提訴すると、「新しい会社に移らなくてもよい」という判決が出る可能性があるのです。実際に、7条措置のところで紹介した「日本IBM事件」でも、従業員が「5条協議が不十分だったので、私は行きません」ということの適否が裁判になりました（このケースではその主張は却下され、従業員側が敗訴となっています）。実際、この

手の裁判では従業員側が勝つことはなかなか難しいのですが、提訴されれば、それだけの手間・負担は発生することに留意すべきです。

実際に従業員側の言い分が認められたケースもある

一方、従業員側の主張が認められた判例もあります。平成29年3月28日、東京地裁で争われた「エイボン・プロダクツ事件」です（**図32**参照）。

図32　エイボン・プロダクツ事件（平29・3・28東京地判）の概要

エイボン・プロダクツが会社法上の会社分割（新設分割）の方法によって工場を分割した際に、設立された会社（エイボン・プロダクツの100％子会社）から労働契約を承継するとされた原告が、エイボン・プロダクツに対し、労働契約の承継は手続きに瑕疵があるので、その効力を争うことができる旨を主張して、労働契約上の権利を有する地位にあることの確認と、賃金および賞与の支払等を求めた。

↓

5条協議は努力義務ではなく法的義務。適法に協議することが欠かせない

このとき問題になった5条協議の内容は、とてもいい加減なものでした。この裁判を起こした従業員に対する5条協議は質疑応答といったものではなく、「組合を抜けろ！」などという脅しのようなものだったようです。この従業員は会社分割によって承継されたのちに行うリストラの対象者で、「それが嫌なら組合を抜けろ」というものでした。

もちろん、これは業務内容などの希望の聴取などを行う本来の5条協議とはほど遠いものであり、不当労働行為にあたるとして、従業員側の主張が認められました。

これは多くの会社でも決して他人事ではありません。特に大手による中小企業のM&A、また、事業を安く買い取りたいと思うような会社のM&Aでは、あり得ない話ではないのです。この点は会社分割に関わる会社は留意しておく必要があります。

では、どのようなことに気をつけて5条協議で対応していけばいいのか。そのポイントを整理すると、次の2つがあります（**図33**参照）。

- 納得していない従業員との協議を重ねる回数の留意
- ５条協議では情報の出し惜しみや事実と異なる説明をしないこと

図33　５条協議の実務的ポイント

①	納得していない従業員との協議を重ねる回数の留意	→ 「３回で大丈夫」というより、最低３回は必要と考えるべき	→ 要望に応じる必要はない。会社として決定したことをしっかりと伝えることが大事
②	５条協議では情報の出し惜しみや事実と異なる説明をしないこと	→ 本人にとって不利な情報を出し惜しむことはトラブルのもと	→ 買い手の会社に移ったあとに起こるトラブルの芽を摘んでおく

最低、３回は意を尽くして説明する

　１つ目は納得のいっていない従業員との協議を重ねる回数です。裁判例が少なく、裁判によって会社側が勝利した判例は前述の日本IBM事件くらいしかないのですが、この裁判では３回、従業員と５条協議を重ねていたようです。そのため、さまざまな書籍やネット情報などでは、「３回協議を重ねておけば大丈夫」と書いているものも見かけます。ですが、「３回で大丈夫」というより、最低３回は必要と解釈したほうがいいでしょう。なぜなら、裁判に至ってはいないものの、実際には７回ぐらいまで協議を重ねているケースも多いからです。

　したがって最低でも３回、そこで対象会社の従業員に納得してもらえなかった場合には、最高で７回までは協議を重ねることをおすすめします。その協議で、「業務や契約内容も変わらず、何より法律上あなたが会社分割によって新しい会社に移転することは避けられないこと」という説明を７回も重ねれば、たとえ同意を得ることができなくても、のちに起きる問題に対しては会社側が優位に進めることができると思われるからです。

　その協議では、経営判断に関わるような会社分割の理由、今後の経営など

の質問は必ず出てくるはずです。しかし、その質問に関しては、対象の従業員が納得のいく答えをする必要はありません。納得は別のことで、会社として決定したことをしっかりと伝えることが大事なのです。

　加えてこの5条協議では、「もとの会社に残ったまま出向という形で対応できませんか？」という要望が従業員から出てくることもあり得ます。しかし、その要望に応じる必要はありません。5条協議をしっかり行っておけば、移転することが前提となりますので、わざわざ出向を認める必要はないのです。

その従業員にとって不利な情報を出し惜しみしない

　5条協議では、事実と異なるその場凌ぎの説明を行ったり、従業員の判断材料となる情報の出し惜しみをすることは避けるべきです。情報の出し惜しみに関して、特に本人にとって不利な情報を出し惜しむことはトラブルのもとです。

　たとえば、買い手の会社に移ったあと、業務内容が大きく変わったり、業務量が聞いていたものとは異なるものとなったりした場合は、のちのち問題が発生します。うそ偽りなく、正確に説明することがポイントです。

(4) 口約束はトラブルのもと！
　　従業員への書面通知の重要性

　従業員への通知については、図27（88ページ）の③で述べた「従業員への通知を適切に行うこと」です。

　数年前までは、「会社分割は包括継承だから、労働条件とかも変わらないし、口頭で対象会社の従業員に通知すれば十分でしょう」という風潮がありました。しかし、包括承継といいながら、実態は買い手の会社の労働条件に合わせて賃金を引き下げてしまうなど、労働条件を勝手に変更してしまうようなことが横行していました。

　そこで平成28年に、書面にて従業員へ通知するように指針にも記されました。(1)承継される事業に従事する従業員と、(2)従事していないが承継の定めのある従業員に分け、**図34**のような内容を通知します。

労働組合のある会社には追加の通知事項がある

　対象従業員への説明について労働組合がある場合の従業員への書面通知では、労働組合に対して別途、通知します（92ページ図30の通知書参照）。

　従来とは異なり、いまではこのように書面での通知がスタンダードなスタイルになっています。通知内容を従業員にしっかり理解してもらうことがトラブルの発生を未然に防ぐことにつながります。

図34　従業員への書面通知の内容

①分割契約書等に該当する従業員が承継される旨の定めの有無

②その従業員の異議申出の期限日

③その従業員が(1)承継される事業に従事する従業員、(2)従事していないが承継の定めのある従業員のいずれに該当するか

④包括承継ゆえに労働条件はそのまま維持される旨

⑤会社分割の効力発生以後の分割会社（売り手の会社）と承継会社（買い手の会社）等の商号・住所（所在地）・事業内容・雇用を予定する従業員数

⑥効力の発生日

⑦効力発生日以後の分割会社または承継会社等において、その従業員が従事する予定の業務内容・就業場所その他の就業形態

⑧効力発生日以後の会社分割または承継会社等の債務履行の見込みに関する事項

⑨異議がある場合にはその申出を行うことができること、異議の申出を受理する部門の名称・職名・勤務場所

(5) 組織再編・M&A と転籍の関係を整理する

　労働契約承継法の規定を見聞きして、その手続きが面倒になり、「会社分割というスキームを活用するけど、従業員については個別同意をとって、転籍で対応すればいいのではないか」と考えてしまう会社もあります。かつては、会社分割を活用しても、「労働契約をそのまま承継してほしくない」と、個別に少し説明しただけで同意をとってしまうことも横行していました。

　しかし、「分割会社及び承継会社等が講ずべき当該分割会社が締結している労働契約及び労働協約の承継に関する措置の適切な実施を図るための指針」の改定に伴い、こうした方法をとることは認められなくなりました。会社分割を選択する場合には、従業員に対して、個人に同意さえもらえば分割できるというわけではなく、正規の会社分割の手続きを踏まなくてはいけなくなったのです。

労働契約の問題が無視され過ぎてきた

　そもそも会社分割と、株式譲渡を含む事業譲渡のどちらで M&A を実行していくかという"入り口の段階"で、労働契約のことをきちんと踏まえずにスキームを決めてしまっている会社が非常に多く見受けられます。

　M&A をやろうとしている買い手の会社の経営企画担当者、または経営者が何を考えているのか。きっと、それは「どうしたら、もっと儲けられるか」です。「儲けられる」と考えるポイントには2つあります。1つは売上を伸ばすこと、もう1つはコスト（人件費）を抑えることです。売上は経営努力で上げるものなのでいつの時代もどのような状態でも重要なことですが、もう1つの人件費については「どう下げるか」ということに偏重しがちです。

　そのため、「会社分割は税務上もよけいな負担はないし、あとは承継する

労働契約を見直せばいいよね」と安易な考えのままでM&Aを進めてしまうことがあるのです。そして、何も理解せずに進めているうちに労働契約を変えることの難しさに気づき困惑してしまうのが多くの会社の実情です。

　なぜ、このようなことが起きてしまうのか。その背景には、経営層に「労務に関して非常に強い立場にある」という誤解が多いということがあります。法的に見れば、どうしても商法、会社法だけで判断してしまうので、新設会社の就業規則などに関しても、「契約書さえ書いて交わしておけば問題ないだろう」という考え方になってしまうのです。

労使双方とも、「会社が動くのだからしかたない」とは思わない

　転籍は、「会社・事業そのものは移転せず、従業員が勤める会社とは別の会社に移ること」です。労働契約も動かないので、従業員が動くことに関して個別の合意が厳格に求められます。

　ところが、会社分割などの組織再編では、「会社が移転することによって、同時に従業員も移転する」ことになります。これまでは「会社が動くのだから、それにともなって従業員が動くのは当然であり、しかたないこと」という風潮もありました。しかし、そうではありません。事業譲渡であれば個別同意、会社分割であれば7条措置及び5条協議が求められるのです。この点を忘れてはいけません。

　そのような会社と従業員の意識の乖離、認識の隔たりが、さまざまなトラブルを引き起こしています。その意識の乖離を少しでも埋めるために、契約書もハンコを押せばいいというものではなく、たとえば、「事業譲渡と会社分割の"いいとこ取り"をするようなことはできない」ということを、いま一度きちんと踏まえておくことが重要です。

第5章

組織再編・M&Aの労務で
最も重要な統合プロセス

(1) 重要性が増す PMI（統合プロセス）

　PMI とは、Post Merger Integration（ポスト・マージャー・インテグレーション）の略で、M&A（企業の合併・買収）成立後の統合プロセスのことです。M&A を成功させ、よりよいシナジーを発揮するために、とても重要な取り組みですが、むずかしく考える必要はありません。

　とくに労務に関しては、就業規則の擦り合わせや労働条件の不利益変更の解消といったテクニック的なことはありますが、それより何より、通常の事業活動の労務、とくに労務リスクを未然に防ぐような日々の活動が何より大切なのです。

図35　PMI のイメージ

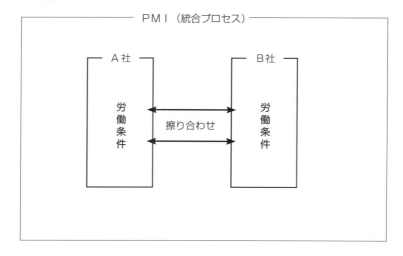

(2) M&AのPMIで重要な就業規則・規程類の調整

　M&A後の労務の統合プロセスにおいて、実務的にまず取り組むべきは働き方の実情を踏まえた「労働条件の整備」であり、具体的には就業規則や各種規程等の調整です。そして、それは買い手の会社の就業規則や各種規程等に対象会社・売り手の会社がすべて合わせればよい、という考え方もあります。しかし、M&A、またPMIの実情はそう単純なものでもありません。

　なぜなら、買い手の会社の労働条件が必ずしも良いとはいえないからです。実際のM&Aにおいて就業規則や各種規程等、働き方の実情を比べてみると、売り手の会社の就業規則等や働き方などに充実した部分が見られるというのもよくあります。買い手の会社の就業規則や各種規程等を売り手の会社の従業員に押しつけると、押しつけられた従業員にとっては労働条件の不利益変更にあたるケースも見られます。

　重要なのは、売り手の会社・買い手の会社双方のよい点を見出し、新しい働き方に適合した就業規則等を整えていくことではないでしょうか。

就業規則や各種規程の条文を対比させていく

　新しい働き方に適合した就業規則等を整えていくために重要なことは、まず売り手の会社と買い手の会社双方の就業規則や各種規程等を条文ごとに照らし合わせて、どのように対応していくかを考えていくことです。**巻末資料4**（140ページ）に比較的明解で、かつ従業員にとっても関心の高い給与規程を例に、調整の進め方の具体例（抜粋）を示しましたので、参考にしてください。

　就業規則等の条文ごとの精査は、一見するととても面倒で手間のかかることに思えますが、労務としてはその条文の違いを通して、両者の従業員の実

際の働き方の違いが手にとるように見えてきます。それにより、どのような働き方に改編していったらよいか、また労働時間や休日のあり方、昇給や賃金制度のあり方、賞与の算定のしかたなどについてもふさわしい方向性が見えてきます。その方向性の合致したところで、より適切な働き方をめざしていくことが労務におけるシナジーというべきものなのです。

(3) 労働条件の不利益変更にどのように対処していくか

　M&AのPMIにおいては、売り手の会社（場合によっては買い手の会社）で働く従業員にとって、就業規則や各種規程等が労働条件の不利益変更に該当するケースもあり得ます。明らかな労働条件の不利益変更ではなくとも、年間総労働時間の増加や将来受けとれるはずの退職金の減額、所定労働時間の長時間化、年次有給休暇の取得率の低下など、心情的にモチベーションが維持し続けられないような事態が発生する可能性もあるのです。

　このようなことは従業員にとって大きな問題ですが、まず、大前提としてとくに売り手の会社の経営者が自社で働く従業員にとって労働条件の不利益変更があることを正確に理解しておかなければなりません。

　「そのようなことは当社のM&Aにとって大きな問題ではない」などとタカを括っていると、M&A後に大量の退職者が出て、「結局、このM&Aは不成功に終わった」と判断せざるを得ない状況も発生してしまいかねません。

　まず、しっかりと確認しておきたいことは「労働条件の不利益変更とはどのようなことか」です（**図36**を参照）。

　労働契約法第9条では「使用者は、労働者と合意することなく、就業規則を変更することにより、労働者の不利益に労働契約の内容である労働条件を変更することはできない。」と定めており、本人との個別合意が基本です。

　しかし、従業員数が多い会社の場合、すべての従業員から個別的に合意を取り付けていくことは至難の業です。この場合について、労働契約法第10条では、「使用者が就業規則の変更により労働条件を変更する場合において、変更後の就業規則を労働者に周知させ、かつ、就業規則の変更が、労働者の受ける不利益の程度、労働条件の変更の必要性、変更後の就業規則の内容の相当性、労働組合等との交渉の状況その他の就業規則の変更に係る事情に照らして合理的なものであるときは、労働契約の内容である労働条件は、当該

図36　労働条件の不利益変更とは？

労働契約法 第9条	使用者は、労働者と合意することなく、就業規則を変更することにより、労働者の不利益に労働契約の内容である労働条件を変更することはできない。ただし、次条の場合は、この限りでない。

→ 就業規則の変更による労働条件の不利益変更には、原則、労働者（従業員）の同意を要する

労働契約法 第10条	使用者が就業規則の変更により労働条件を変更する場合において、変更後の就業規則を労働者に周知させ、かつ、就業規則の変更が、労働者の受ける不利益の程度、労働条件の変更の必要性、変更後の就業規則の内容の相当性、労働組合等との交渉の状況その他の就業規則の変更に係る事情に照らして合理的なものであるときは、労働契約の内容である労働条件は、当該変更後の就業規則に定めるところによるものとする。ただし、労働契約において、労働者及び使用者が就業規則の変更によっては変更されない労働条件として合意していた部分については、第12条に該当する場合を除き、この限りでない。

→ 同意は、使用者（会社）が従業員に対し、変更の必要性やその内容について、十分に時間をかけて説明し、従業員の納得を得る必要がある

特に、賃金、退職金など従業員にとって重要な権利、労働条件に関し実質的な不利益を及ぼす就業規則の作成や変更については、そのような不利益を労働者に法的に受忍させることを許容することができるだけの高度の必要性に基づいた合理的な内容のものである場合において、その効力を生ずる

↑

合併などによる労働条件統一のために不利益変更を行う場合、判例上、高度の必要性は肯定され得る

変更後の就業規則に定めるところによるものとする」と定めています。すなわち、新たな就業規則を従業員に周知し、かつ、次の事項について合理性が担保されていれば労働条件の不利益変更も許容されるとしているのです。
　①労働者の受ける不利益の程度
　②労働条件変更の必要性
　③変更後の就業規則の内容の相当性
　④労働組合等との交渉の状況
　⑤その他の就業規則の変更に係る事情

正確な情報把握によって解決の糸口が見えてくる

　労務のPMIを担う社会保険労務士や人事・労務責任者にとってまず重要なのは、「どの点が労働条件の不利益変更にあたるのか」を正確に売り手の会社の経営者に伝え、正しい認識を持ってもらうことです。そのうえで、売り手の会社と買い手の会社の双方が対応策を考えていきます。

　先述した給与規程の調整を行った会社のM&Aでは、**図37**のような労働条件の不利益変更がありました。それは特段この会社に限ったことではなく、多くの会社のM&Aで起こり得ることなので、参考例として紹介します。

　図37に見るように、労務のPMI、とくに賃金関係では手当の調整に困難をともなうケースが見られることに留意しておきましょう。

　また、一口に「労働条件の不利益変更」といっても、次のようにいくつかのパターンがあります。
　①特定少数の従業員にのみ労働条件の不利益変更が発生するケース
　②買い手の会社が新たな制度を取り入れると、労働条件の不利益変更になってしまうケース
　③就業規則や各種規程等の変更により売り手の会社の従業員全員が労働条件の不利益変更の問題を被ってしまうケース

　個別に同意を得るか、全体に納得してもらえるまで説明するかなど、それぞれに対応が異なってくることにも留意すべきです。

図37　労働条件の不利益変更の具体例

休職規定	①売り手の会社では従業員の試用期間中も休職制度が適用されていたが、買収後は適用されないことになった
	②売り手の会社では多様な雇用形態の従業員がいて、それぞれに休職が適用されていたが、買い手の会社では正社員以外の雇用形態の従業員に対しては、休職を認めないこととなった
	③売り手の会社では休職期間について「私傷病：6か月、自己都合：都度決定」としていたが、買い手の会社では「私傷病：90日以内、自己都合：90日以内、ただし、最初の休職期間開始日から5年間は新たな休職期間は発生しない」こととなり、休職期間が短くなり、同一の正社員に対する複数回の休職が制限されるようになった
労働時間制度	④1か月単位の変形労働時間制とした結果、所定労働時間増となる場合があり、その場合には労働条件の不利益変更になる可能性がある
	⑤買い手の会社では裁量労働制が導入されており、売り手の会社にも同制度が導入された場合、それまで支給されていた定額残業手当が不支給となる
有給休暇	⑥売り手の会社は法定を超える日数が付与されていたが、買い手の会社は法定どおりに付与されている
基本給・賃金	⑦基本給の定義の違いにより、従前より金額が低下する可能性がある
	⑧賃金締切日・支給日が変更になるので、最初の月は労働条件の不利益変更にあたる。賞与の支給月も変わる（1か月遅れる）ので、買い手の会社での初回の支給では労働条件の不利益変更
手当	⑨手当の改変（廃止）により、その手当を受け取ってきた社員にとっては労働条件の不利益変更とされるケースがある
	⑩住宅手当の支給基準の変更により、住宅手当が減額する社員が出てくる
	⑪独身で扶養家族を有する社員の異動の場合、単身赴任手当を支給していたが、買い手の会社ではそのような従業員は単身赴任扱いとならない
	⑫通勤手当の上限額が月10万円から5万円にダウンするので、該当者にとっては労働条件の不利益変更である
	⑬1か月単位の変更労働時間制の採用により、所定労働時間（所定労働日数）の変更がある場合には、日割計算単価と時間単価の低下が発生し、基本給、手当、時間外勤務手当、休日勤務手当、深夜勤務手当が低下する

(4) 労働条件の不利益変更と具体的なトラブル対処法

　対象会社の従業員にとって労働条件が不利益な方向で変更をする場合でも、どのような状態であれば、法的には労働条件の不利益変更にあたらないと判断される可能性が高まるのか。個別具体性が強いテーマですが、あえて目安を示すと、次のようなポイントがあります。
・概ね75％の従業員から個別同意をとっておく
・もとの賃金の概ね10％ダウンまでとする
　この２つの目安を満たすことで、労働条件の不利益変更であっても、他にもいくつかの要素を検討することも必要ではあるものの、前述の労働契約法第10条に照らして看過される可能性は高まります。

75％の従業員から個別同意をとっておく

　目安の１つは「75％の従業員から個別同意をとる」ことをまず目指すことです。100％全員から個別同意をとることは、賃金に関わる労働条件の不利益変更の場合は難しいのが現実です。そこで、労働条件の不利益変更とされながらも看過されると考えらえるボーダーラインが75％の従業員から個別同意をとるということなのです。
　その75％という数字の根拠は労働組合法からきています。労働組合法では、従業員の75％（４分の３）が加入している労働組合が労働協約を結ぶと、従業員の他の25％の非組合員がいたとしても、労働協約は有効で、その影響は非組合員も含めた従業員全員にまで及ぶとされています（労組法第17条）。
　したがって、不利益変更の個別同意についても75％の従業員に対して個人の同意をとっておくことで、一定の根拠を持った主張ができるため労働条

件の不利益変更が許容される可能性が高くなります。「75％の個別同意」ということが労働協約を不利益に変更せざるを得ない場合のボーダーラインである、と覚えておくといいでしょう。

もとの賃金の10％ダウンまでなら認められる？

　ポイントの2つ目は、「どこまでの労働条件の不利益変更なら認められ得るか」ということです。

　この「どこまで」に関して目安をつくるとすれば、そのラインはもとの賃金の10％以内です。10％までのダウンなら、労働条件の不利益変更も許容される可能性が高まる、というのが一つの考え方です。

　この10％の根拠は労働基準法第91条に定める減給の制裁からきています。

　労働基準法第91条では、その月に複数の懲戒処分があったとしても、10％までしか賃金を下げることができないと定めています。したがって、M&Aに関わる労働条件の不利益変更について許容範囲を示すとすれば賃金減額は10％以内が目安になり得ると考えられます。

　ただし、「75％の個別同意」も「賃金減額10％以内」というのも、あくまでも目安に過ぎず、個別具体的に検討することが求められ、慎重に対応する必要があります。

(5) PMIの重要ポイント
―― 規定全体の整備とPMIのスケジュール

　先述のとおり、労務のPMIにおいて重要なのは売り手会社と買い手会社における労働条件の擦り合わせと諸規程の整備です。それがきちんと行われてこそ、買い手の会社・売り手の会社、また対象会社の従業員がルールに則した働き方を実現でき、人材交流が活発となりシナジー効果が生まれるのです。

　ところが、どのような会社にも実は山ほどの諸規程があるものです。**巻末資料5**（146ページ）に一般の中堅企業で用意している諸規程を列挙してみました。

　買い手の会社と売り手の会社がそれぞれ同種の規程名称で別のルールを定めているケースもあれば、異なる規程の名称で、同じ趣旨のルールを定めているケースもあります（図ではM&Aに関わる双方の会社の規程内容に整合性を持たせるため、給与規程のように同じ規程名称が並んでいるケースがあります）。

　見てのとおり、就業規則だけをすり合わせておけば万全というわけではなく、こうした諸規程全体を精査し、統一を図っていくことがPMIでは欠かせません。

整備のスケジュールは半年、1年がかりで行う

　諸規程の整備はPMIといっても日常業務のなかで行っていきます。そのため、迅速に行っても半年がかり、1年がかりとなるケースも多いでしょう。そのスケジュール感については**図38**を参照してください。

　でき上がった"統一規程"は、前述のように従業員に向けて説明会を開き、周知徹底を図ることになります。

　説明会は統一された諸規程、すなわち労務のルールブックのもと一致団結を図るためにも効果的です。

図38　諸規程の調整スケジュール例

7月末	8月中旬	8月末	9月中旬	9月末	10月中旬	10月末	11月中旬	11月末	12/11	12月中旬	12月下旬
双方の会社による諸規程の確認		規程の提出1回目	企業間調整1回目							買い手会社・売り手会社取締役会	社員説明会
					規程の提出2回目	企業間調整2回目					
							規程の提出3回目	企業間調整3回目			
					経営層・組合への説明・内諾1回目						
							経営層・組合への説明・内諾2回目				
									経営層・組合への説明・内諾3回目		

従業員に対する説明会をしっかり開く

　従業員に対する説明会を開催する際のポイントとして「真意性」に留意することが挙げられます。

　山梨県民信用組合に吸収合併された旧峡南信用組合出身の元職員数名が、退職金が大幅に減額されたことを不服として、合併前の基準による支払いを求めた事件があります（山梨県民信用組合事件、平28・2・19最2小判）。

この事件で最高裁は、説明会における十分な説明が欠けていたことを指摘し、労働者が自由な意思によって同意したものではないとしました。そのような事態を避けるため、慎重かつ厳格に行っていく必要があります。

当然、M&Aに関する同意書と説明会での説明の間にある矛盾や虚偽、労働条件の不利益変更に関する情報の出し惜しみなどはあってはなりません。誠意を持って公正に説明会を行うことが重要です。

説明会を行うにあたり、準備しておくと便利なものがあります。それは詳細な説明文書やパワーポイントなどでの資料、加えて従業員のM&A後の賃金表です。一般的な賃金テーブル表でかまいませんが、「これからはこのような賃金テーブルのもとで働くことになります」と、従業員に明示することが大切です。これらの資料を準備しておくことで、説明会もスムーズに進み、従業員にも納得が得られやすくなります。

なお、質疑応答についても準備しておくとよいでしょう。説明会では、従業員の質問にはしっかりと回答する必要があります。したがって説明会までに想定質問集などをつくっておくことも大事です。想定問答集を用意することで、従業員によって異なる回答をしてしまうことを防ぐことにもつながります。加えて、問い合わせの窓口なども設置して対応できるようにしておけば、余計なトラブルの発生を防ぐことができます。

やらなくていけないこと、準備しなくてはいけないものはたくさんありますが、それだけM&Aというものはハードルの高いものであり、簡単なものではないということを理解してください。

資料

資料1 労務コンプライアンス報告書の実例（一部省略）

労務コンプライアンス報告書

≪監査実施者≫

　　主監査人　特定社会保険労務士　佐藤 広一

　　副監査人　社会保険労務士　〇〇〇〇

　　補助監査人　弊所スタッフ　□□□□

≪監査時期≫

　　2023年×月×日～2023年×月×日

≪監査方法≫

　　書面監査（弊所内にて実施）

　　ヒアリング監査

　　（1）管理職ヒアリング監査　2023年×月×日　△△にて実施

　　（2）人事部ヒアリング監査　2023年×月×日　対象会社本社にて実施

≪報告書の構成≫

　　Ⅰ　監査目的

　　Ⅱ　就業規則・人事労務諸規程の整備状況と適法性・適正性

　　Ⅲ　労使協定等の締結状況と適法性・適正性

　　Ⅳ　労務コンプライアンス整備状況

　　Ⅴ　未払い時間外労働手当の算定

　　Ⅵ　監査総括

≪添付資料≫

　　資料1「労務DDチェックリスト」（省略）

　　資料2「未払い時間外労働手当算定条件表」（省略）

　　資料3「未払い時間外労働手当算定表」（省略）

　　資料4「ヒアリングQ&Aリスト」（省略）

　　資料5「管理職ヒアリングシート」

I 監査目的

本監査は、株式会社□□（以下、「貴社」という）のM&Aにおいて、労務コンプライアンスの観点から対象会社における2023年×月×日現在の労務管理状況について監査したものである。

具体的には、就業規則をはじめとする人事労務諸規程、労使協定、雇用契約書および法定帳簿・社内作成文書等の整備状況と記載内容を確認し、また当該規程等に基づく人事労務諸制度の運用状況を検証することにより、労務に関するリスクを回避し、もって会社が健全な運営を営むことができることを目的としてなされたものである。

本報告書は、今後、是正しなければならない事項、および改善することによりさらに活性化されると思われる事項についての記載であり、対象会社管理職からのヒアリングにより入手した課題を含んでいる。

なお本監査は、諸官庁の行う調査に準拠して実施したものではなく、仮に監査基準に定める監査の実施あるいは追加手続きの実施を行ったならば検出できたかもしれない事項の存在を否定するものではない。

II 就業規則・人事労務諸規程の整備状況

就業規則をはじめとする人事労務管理に関する諸規程の整備状況は下記のとおりである。少なくとも、絶対的必要記載事項については具備されていることが確認された。

諸規程	有・無
①就業規則	有
②給与規程	有
③育児介護休業規程	有
④退職金規程	有
⑤パートタイマー就業規則	有
⑥役員退職慰労金規程	―
⑦人事考課規程	有
⑧出張旅費規程	有
⑨慶弔規程	有
⑩出向規程	有
⑪社宅管理規程	有

Ⅲ 労使協定の締結状況

労使協定の締結状況は下記のとおりである。

労使協定名	整備状況
時間外労働・休日労働に関する労使協定（三六協定）	○
賃金控除に関する労使協定	○
一斉休憩の適用除外に関する労使協定	―
社内預金に関する労使協定	―
1か月単位の変形労働時間制に関する労使協定	―
1年単位の変形労働時間制に関する労使協定	○
1週間単位の非定型的変形労働時間制に関する労使協定	―
フレックスタイム制に関する労使協定	―
事業場外労働に関する労使協定	―
専門業務型裁量労働制に関する労使協定	―
年次有給休暇の計画的付与に関する労使協定	―
年次有給休暇中の賃金に関する労使協定	―
育児休業制度等の適用除外者に関する労使協定	―
介護休業制度等の適用除外者に関する労使協定	―
65歳までの継続雇用制度に関する労使協定	―
割増賃金の代替休暇に関する労使協定	―
年次有給休暇の時間単位付与に関する労使協定	―

Ⅳ 労務コンプライアンス整備状況

2023年×月×日現在における労務コンプライアンスの整備状況について、「労務DDチェックリスト」（資料1（省略））に基づき監査を行った。

監査は、就業規則をはじめとする人事労務関連諸規程における規定の整備状況を確認するとともに、貴社から提示を受けた人事労務関連資料からでは確認がとれなかった事項について、対象会社の人事労務担当者および管理職からヒアリングする方法によって実施されたものである。

1.「労務DDチェックリスト」のチェック項目

「労務DDチェックリスト」（資料1）は下記の通り区分され、それぞれ監査を実施した。チェックリストでは、各チェック項目において整備されている場合は「YES」、整備されていない場合は「NO」と表記している。また、「NO」と判断された項目について、法令に違反しており是正が必要である項目については「是正」を意味する「Z」、法令には違反していないが労務リスクを回避する観点から改善が必要だと考えられる項目は「改善」を意味する「K」と表記している。なお、「Z」あるいは「K」は当該チェック項目の労務リスクに応じて下表の通り3段階で表記している。

	是正 （法令違反）	改善 （労務リスク）
リスク大	ZZZ	KKK
リスク中	ZZ	KK
リスク小	Z	K
(1) 労働基準法関係		
① 労働条件通知書・雇用契約書の記載内容		
② 採用・試用期間		
③ 賃金台帳の法定記載事項	ZZ	
④ 労働者名簿		
⑤ 出勤簿		
⑥ 労働時間・休憩・休日		
⑦ 年次有給休暇		
⑧ 特別休暇		
⑨ 賃金・賞与・退職金		
⑩ 懲戒処分		K
⑪ 退職・解雇		

⑫	休職・復職		ＫＫ
⑬	服務規律		
⑭	三六協定	ＺＺ	
⑮	裁量労働制	Ｚ	
⑯	1か月単位の変形労働時間制		
⑰	フレックスタイム制		
⑱	1年単位の変形労働時間制		
⑲	1週間単位の非定型的変形労働時間制		
⑳	割増賃金	Ｚ	
（2）労働安全衛生法関係			
①	健康診断	ＺＺ	
②	安全衛生教育		
（3）男女雇用機会均等法関係			
①	母性健康管理		
②	性別による差別的措置		
（4）高年齢者雇用安定法関係			
①	継続雇用制度		
（5）育児介護休業法関係			
①	育児介護休業		
②	育児介護時短		
③	育児介護時間外・深夜		
（6）社会保険・労働保険関係			
①	健康保険・厚生年金関係		
②	労災保険・雇用保険関係		
（7）その他			
①	異動・配転		Ｋ
②	ハラスメント		
③	情報管理		

2.「労務 DD チェックリスト」に関する監査所見

(1) 労働基準法関係

■労働基準法では、事業場に備え付けるべき書類として、①労働者名簿、②出勤簿、③賃金台帳を定めており、これらを総称して「法定3帳簿」と呼ばれている。対象会社の「法定3帳簿」を確認したところ、労働者名簿が確認できなかったため、各労働者について労働者名簿を早急に作成する必要がある。

■三六協定届を確認すると、月90時間までとする特別条項が結ばれており、年6回、すなわち6か月間に限って発動することができる。貴社の場合、6回を超えることはないが、限度時間である90時間を超えることはあるとのヒアリング結果を受けた。近年の労働行政においては「働き方改革」と大手広告代理店による過労自殺事件を受けて長時間労働・過重労働に対して監督強化を実施していることを考慮すると、三六協定違反は大きな労務リスクだといえる。また、特別条項についても法令で、2～6か月の平均で月80時間以内、単月100時間未満を上限とされており、なお一層、長時間労働の是正を図ることが求められている。

■割増賃金について、賃金規程上、一定の手当が計算の基礎となっていないが、実態としては当該手当も計算の基礎としており両者は不整合である。このため、現状との一致をみるため賃金規程を見直す必要がある。

■パートタイマー等の採用時に交付する雇用契約書または労働条件通知書において「昇給の有無」「賞与の有無」「退職手当の有無」および「雇用相談窓口」について記載されていなければならないが、雇用契約書に必ずしもすべてが具備されてはいない。これはパートタイム労働法第6条に違反し、10万円以下の過料に処せられるおそれがある。

(2) 労働安全衛生法関係

■常時10人以上50人未満の労働者を使用する事業所、営業所や工場などの事業場では、事業の業種区分により「安全衛生推進者」あるいは「衛生推進者」を選任しなければならない（労働安全衛生法第12条第2項）。対象会社では、これらの選任実績が確認できないため速やかに対応する必要がある。

■年に1回実施される定期健康診断の実施義務は果たされているが、雇入時健康診断の実施が確認されない。実施が負担である場合には、内定の段階で本人にあらかじめ受診してもらうことも一考である。

(3) 男女雇用機会均等法関係

事業主は、女性労働者が妊産婦のための保健指導または健康診査を受診するために必要な時間を確保することができるようにしなければならず（男女雇用機会均等法第12条）、また、妊娠中および出産後の女性労働者が、健康診査等を受け、医師等から指導を受けた場合は、その女性労働者が受けた指導を守ることができるようにするために、事業主は勤務時間の変更、勤務の軽減等必要な措置を講じなければならず（同法13条）、事業主は、女性労働者が妊娠・出産・産前産後休業の取得、妊娠中の時差通勤など男女雇用機会均等法による母性健康管理措置や深夜業免除など労働基準法による母性保護措置を受けたことなどを理由として、解雇その他不利益取扱いをしてはならない（同法9条）。

貴社においてはこうした母性健康管理措置が整備されておらず規定化もされていないので、速やかな対応が望まれる。

(4) 高年齢者雇用安定法関係

■ヒアリングを通じ、概ね合法的に運用がなされていることを確認した。

(5) 育児介護休業法関係

■ヒアリングを通じ、概ね合法的に運用がなされていることを確認した。

(6) 社会保険・労働保険関係

■ヒアリングを通じ、概ね合法的に運用がなされていることを確認した。

(7) その他

■情報管理について確認したところ、PC内における情報管理は実施されているが、記録媒体はPW設定等は見られなかった。情報漏えいは顧客や社会からの信用を失墜させ、事業の存立を危うくする。インシデント対策を含め十分な対策が求められる。

V　未払い時間外労働手当の算定

貴社にて計算・作成した給与データおよび勤怠月報を基に未払い時間外労働手当を資料3（省略）のとおり算出した。これは、ヒアリングにて、時間外労働は申請ベースであるが、実際の労働時間とは乖離があり、基本的には勤務現場に備えつけられている勤怠システムにより集計された時間と申請時間との差分が勤怠月報上にサービス残業として計算されていると聴取したため、当該サービス残業時間に対する未払い時間外手当を集計したものである。

1．算定条件

①対象会社へ確認（「ヒアリングQ&Aリスト」資料4（省略））したところ、サービス残業時間は以下のとおり計算されていることになる。

　拘束時間－勤務時間－休憩時間－時間外手当算出時間（－中抜）＝サービス残業時間

　対象会社へのヒアリングを踏まえ、本労務監査においては、勤怠月報に集計されたサービス残業時間を未払い時間外労働時間として計算している。

②就業規則上、時間外手当の算出対象となる基準内賃金は以下のとおりと定められている。

・職責給

　しかしながら、営業手当および調整手当も基準内賃金であると認められ、現状の給与計算においても、営業手当および調整手当を基準内賃金としていることから、本労務監査においては、時間外手当の算出対象となる基準内賃金は以下のとおりとしている。

・職責給

・営業手当

・調整手当

就業規則における基準内賃金の定めに関しては、営業手当および調整手当を含めるよう改定を要する。

なお、2023年×月までは各事業所において給与体系が相違しているため、本労務監査においては、基準内賃金を別紙2のとおりとして計算している。

2．算定方法

対象会社へ確認したところ、現状、時間外手当は以下のとおり計算されている。

基準内賃金計÷1か月あたりの平均所定労働時間173時間×割増率×時間外労働時間＝時間外労働手当（小数点以下第1位にて切上）

3．算定金額

2020年×月支給分から2023年×月支給分までの未払い時間外労働手当を以下のとおり算出した。各月ごと、各事業所ごとの未払い時間外労働手当は別紙3（省略）のとおりである。

なお、一部、受領できなかったデータがあるため、算出できていない未払い時間外労働手当が存する可能性が高い。

対象会社事業所	未払い時間外労働手当	36か月分想定額（未払い時間外労働手当÷算定月数×36月）
A	4,598,426円	4,798,358円
B	130,331円	183,996円
C	784,691円	1,107,799円
D	1,476,711円	2,084,768円
E	615,764円	869,314円
F	1,189,993円	2,596,348円
計	8,795,916円	11,640,583円

また、各拠点の勤怠月報上存在するが給与データ上存在しない従業員、給与データ上存在するが勤怠月報上存在しない従業員がいるため、当該従業員に対する未払い時間外労働手当については算出されていない（別紙2（省略））。

なお、本監査においては、対象会社へのヒアリング等を踏まえ提出された勤怠月報を基に未払い時間外労働手当を算出しているが、念のため弊所にて再検証したところ、給与データとの差異が認められる従業員がいた。そのため、改めて対象会社に確認したところ、A事業所については当該勤怠月報上のサービス残業が一部相違しているとのことであり（「ヒアリングQ&Aリスト」資料4（省略））、これにより上記未払い時間外労働手当については再度精査すべきものと思料する。

さらに、ヒアリングによれば、管理監督者（労働基準法第41条該当者）である者に関しては、深夜労働が頻繁に発生しているとのことであったが、管理監督者に対する深夜労働時間が実態どおりに集計されていない模様である。労働基準法上、管理監督者に対しては、労働時間、休憩および休日に関する規定は適用しないこととなっているが、深夜労働については、管理監督者であっても割増率25％による深夜労働手当が支払われるべきものであり、本件については是正を要する。

時間外労働手当が未払いであったことにより、健康保険料、厚生年金保険料、労働保険料についても本来納付すべき額が納付されていないこととなるが、本監査においては、これらの保険料額は算出していない。

4．小括

本労務監査においては、かかる条件のもと、上述のとおり未払い時間外労働手当を算定したが、本労務監査を通じ、前提となる勤怠月報にて集計されたサービス残業について、不足ないし不整合が認められる結果に至ったため、改めて精査を要するものと思料する。サービス残業（未払い時間外労働時間）の再検証にあたっては、実労働時間、支払い済み給与データ等を正確に確認する必要がある。

VI 監査総括

労務デューデリジェンスについては、一部是正を要するものや、運用面で改善すべきもの、リスク回避として改善すべきものなどを確認した。

今回は、労働基準法をはじめとする労働法の遵守状況、運用状況、整備状況について、「法令遵守」「リスク回避」に重点を置き、適法（Legality）と適正（Right, Reasonable）という観点から監査を実施した。

とりわけ、時間外労働手当の未払いは労務上のリスクにとどまらず、コンプライアンス上重大な経済的リスクに位置づけられており、本監査においても特に重点的に精査を行っている。ただし、提供された資料などが限られていたこと、資料の受領に時間を要したこと、突合した資料が整合しないことなどがあったことから、算定における前提条件が多く付された結果となっている。

詳細については前述のとおりとなるが、大まかな指摘事項として、1．対応すべき課題、2．今後想定される労務リスクを以下に記す。

資　　料

1．対応すべき課題

（1）労働者名簿の整備

（2）三六協定（特別条項を含む）の遵守

（3）割増賃金の計算方法について、賃金規程と運用に乖離があるため規程の見直し

（4）未払い残業手当の精算と労働者との合意形成

（5）パートタイム労働法に基づいた雇用契約書の整備

（6）安全衛生推進者あるいは衛生推進者の選任

（7）雇入時健康診断の実施、あるいは内定者からの健康診断書の受領

（8）セキュリティ対策の強化

2．今後想定されるリスク

（1）無期転換社員への対応

有期契約労働者が無期労働契約に転換できる制度により、これまで雇用の調整弁とされたパートタイマーや契約社員が次々と無期化していくことになり、経営上の大きなリスクとなる。
対象会社においても多くの有期契約労働者が存在しており、企業の意思決定として無期転換社員を許容するか、あるいは許容しないかを選択し、それに向けた制度設計および規定化を検討していかなければならない。

（2）長時間労働対策

政府は、依然として「長時間労働対策」を重要課題としている。厚生労働省内に長時間労働削減対策推進本部が新設され、過重労働撲滅特別対策班（通称、「かとく」）が活発化し、特に多店舗展開をしている企業について、法人、役員、管理職が検察庁に送致される事例が頻発している。
対象会社においては、三六協定の上限が特別条項において 90 時間とされているが、労働基準法においては、2～6か月平均で 80 時間以内とされていることを考慮すれば、それに準拠した見直しを実施することが求められる。加えて、運用実態としても長時間労働の是正に向けた取り組みを早急に検討しなければならない。

（3）同一労働同一賃金への対応

パート・有期労働法により、いわゆる「同一労働同一賃金」への対応が不可欠とされており、これにより正規労働者と非正規労働者の待遇格差の是正が図られ、原則として職務の内容及び職務内容・配置変更の範囲が同一である場合には、同一水準の賃金を支払わなければならない。貴社の場合、パート労働者を多数雇用していることを考慮すれば、同一労働同一賃金に対して早い段階から検討していく必要があるといえる。

労務分野に限られたことではないが、コンプライアンスにおいては「制度の適法性」と「運用の適法性」という２つの側面があり、本監査において「制度上の違法性や不適切性」を確認し速やかに是正・改善を行ったとしても、「運用面での適法性」という課題は残る。

つまり、たとえ適法で適正なルールが制度上構築されていたとしても、実際の運用に関与する者の誤った認識や知識不足等から、結果として違法な状態に置かれる危険性があるということである。

このような状態を避けるためには、今後、運用面での定期的なチェックと継続的な教育指導を行う必要がある。とりわけ、管理職・マネジャーについては部下に対して注意指導を行う立場にあり、人事労務に関する認識や知識の習得は欠かせない。また、近年頻繁に行われている法改正のキャッチアップとその対策の実施はますます重要になっていくことになろう。

資料2　管理職ヒアリング項目（抜粋）

1	性別による差別の禁止	募集・採用の対象を男性または女性のみとすること、男女で異なる条件を付けること、男女のいずれかを優先すること等募集から採用に至る一連の手続きにおいて男女異なる取扱いが禁止されていることを知っていますか
2	雇入通知書等書面の交付	労働者と雇用契約を結んだ際（採用した際）、賃金に関する事項、始業・終業時刻、所定労働時間を超える労働の有無など法定事項について雇入通知書等書面の交付により明示しなければならないことを知っていますか
3	有期労働契約	有期労働契約を結んだ際の労働条件の明示において、契約更新の有無等について明示しなければならないことを知っていますか
4	無期労働契約への転換ルール	2013年4月1日以降に締結した同一使用者との間の有期労働契約が、通算で5年を超えて繰り返し更新された場合は、労働者の申込みにより、無期労働契約に転換することを知っていますか
5	無期労働契約への転換ルールの特例	①「5年を超える一定の期間内に完了することが予定されている業務」に就く高度専門的知識等を有する有期雇用労働者および②定年後に有期契約で継続雇用される労働者について、事業主が一定の適切な雇用管理を実施することとして申請し、認定された場合は、無期転換ルールの特例が適用されることを知っていますか
6	パートタイム労働者に対する労働条件の文書交付等	事業主は、パートタイム労働者（1週間の所定労働時間が正社員よりも短い労働者）の雇入れ・契約更新の際は、「昇給・退職手当・賞与の有無、相談窓口」を文書の交付等により明示しなければならないことおよび実施する雇用管理の改善措置（賃金制度、教育訓練、福利厚生施設、正社員転換推進措置等）の内容を説明しなければならないことを知っていますか
7	雇入時健康診断	常時使用する労働者を雇い入れるときは、雇入時の健康診断を行わなければならないことを知っていますか
8	雇入時安全衛生教育	常時使用する労働者を雇い入れ、または労働者の作業内容を変更したときは、従事する業務に関する安全または衛生のため必要な事項について、教育を行わなければならないことになっていますが、知っていますか
9	安全配慮義務	使用者は、労働契約に伴い、労働者がその生命、身体等の安全を確保しつつ労働することができるよう、必要な配慮をすることになっていますが、知っていますか

10	所定労働時間	所定労働時間は1日8時間以内、週40時間以内としなければならないことを知っていますか（商業、映画・演劇業、保健衛生業、接客娯楽業で労働者数が9名以下の事業場は特例措置により、法定労働時間が週44時間となります）
11	労働時間の把握	実際の労働時間について、始業・終業時刻を確認し、その時刻を労働時間として記録しておかなければなりませんが、知っていますか
12	休日	休日は少なくとも毎週1日以上与えなければなりませんが、知っていますか
13	時間外・休日労働協定	時間外労働、休日労働を行う際、事前に労使協定を締結し、所轄の労働基準監督署に届け出なければなりませんが、知っていますか
14	労使協定の当事者	時間外労働・休日労働の労使協定の当事者である労働者の過半数を代表する者は「監督または管理の地位にある者」でなく、かつ、「投票、挙手等の方法による手続きで選任された者」であることが必要ですが、知っていますか
15	過重労働による健康障害防止措置	時間外労働、休日労働の時間数の合計が月45時間を超えないようにすることが求められていますが、知っていますか（過重労働による健康障害を防止するため、実際の時間外労働時間数を月45時間以内にするよう努めてください）
16	過重労働・医師による面接指導	時間外労働、休日労働の時間数の合計が月80時間を超えた場合は、医師による面接指導等労働者の健康管理に係る措置を講ずる必要がありますが、知っていますか
17	時間外労働・休日労働の割増賃金	時間外労働・休日労働を行わせた場合、それぞれ2割5分増、3割5分増以上の割増率で割増賃金を支払うこと、また、午後10時から翌午前5時までの時間帯（深夜業務の時間帯）の労働に対して2割5分増以上の割増率で割増賃金を支払うことが必要ですが、知っていますか（中小企業以外の企業については時間外労働時間数が月60時間を超えた部分は5割増以上の割増率が必要です）
18	年次有給休暇	パート労働者、アルバイト労働者を含め、6か月以上継続勤務し、出勤率が8割以上の労働者に対して、年次有給休暇を付与することが必要ですが、知っていますか（年次有給休暇の取得に際し、精皆勤手当の減額、賞与による査定など不利益な取扱いはできません）
19	年休取得のための環境整備	年次有給休暇の計画付与制度の導入、取得しやすい職場の雰囲気づくり等、年次有給休暇を取得しやすい環境整備を行うことが求められていますが、知っていますか

20	就業規則	労働時間、休憩、休日、休暇、賃金の支払い方法など法定事項について記載した就業規則を作成し、所轄の労働基準監督署への届出が必要ですが、知っていますか（パート労働者等を含む労働者数が10名以上の事業場は作成、届出が必要）
21	周知義務	就業規則、時間外労働・休日労働に関する労使協定、労働基準法の要旨など法令で定められた事項を作業場の見やすい場所へ掲示し、労働者への周知が必要ですが、知っていますか
22	労働条件の変更	労働条件を変更する際、個別に労働者と変更内容について合意を得た上で行う必要がありますが、知っていますか
23	会社での負傷	会社内（敷地内を含む）での負傷は、積極的な私的行為が原因である場合を除いて、仕事中でなくても多くの場合は労災保険が適用されることを知っていますか
24	労働者死傷病報告	労働者が労働災害その他就業中等における負傷、窒息または急性中毒により死亡し、または休業したときは、労働者死傷病報告を所轄労働基準監督署長に提出しなければならないことを知っていますか
25	配置等における性別を理由とする差別の禁止	配置（業務配分、権限付与等を含む）、昇進・降格・教育訓練、一定の福利厚生、職種・雇用形態の変更、退職勧奨・定年・解雇・労働契約の更新など、雇用管理のあらゆる場面において男女のいずれかを排除することまたは優先すること等男女異なる取扱いをしてはならないことを知っていますか
26	職場におけるセクシュアルハラスメント対策	事業主は、職場におけるセクシュアルハラスメント防止のための必要な措置（①事業主の方針の明確化および周知・啓発②相談窓口の設置等相談対応のための必要な体制整備、③事実関係の確認等事後の迅速かつ適切な対応④プライバシー保護措置・不利益取扱いを行わない旨の明確化）を講じなければならないことを知っていますか。
27	母性健康管理に関する措置	事業主は、妊娠中・出産後の女性労働者の保健指導・健康診査を受けるための時間の確保および健康診査等で医師等から受けた指導事項を守ることができるために必要な措置（①妊娠中の通勤緩和、②妊娠中の休憩（休憩時間の延長、回数の増加、時間帯の変更）、③症状等に対応する措置）を講じなければならないことを知っていますか

28	育児休業制度	労働者は申し出ることにより、子が1歳に達するまでの間（両親ともに育児休業をする場合は、子が1歳2か月に達するまでの間に1年間）、また、保育園に入所できない等一定の事情がある場合、1歳（または1歳2か月）までの育児休業に引き続いて（または育児休業中の配偶者と交替して）1歳6か月に達するまでの間育児休業を取得できることを知っていますか（一定の要件を満たした期間雇用者も対象。また、配偶者が専業主婦（夫）の場合も取得できる）
29	介護休業制度	労働者は申し出ることにより、要介護状態（負傷、疾病または身体上もしくは精神上の障害により、2週間以上の期間にわたり常時介護を必要とする状態）にある対象家族1人につき、常時介護を必要とする状態ごとに1回、通算して93日間の介護休業を取得できることを知っていますか（一定の要件を満たした期間雇用者も対象です）
30	育児・介護休業の申出等に対する通知	事業主は、育児休業や介護休業の申出がなされたときは、必要な事項（①休業申出を受けた旨、②休業開始予定日・休業終了予定日、③休業申出を拒む場合には、その旨およびその理由）を書面等により速やかに労働者に通知しなければならないことを知っていますか
31	子の看護休暇制度・介護休暇制度	労働者は申し出ることにより、小学校就学前の子の病気やけがの世話、予防接種等のための看護休暇を、また、要介護状態にある対象家族の介護、その他の世話をするための介護休暇を、それぞれ1年につき5日（子または対象家族が2名以上の場合は、年10日）を限度として取得することができることを知っていますか
32	育児のための所定外労働の免除	事業主は、3歳に満たない子を養育する労働者が請求した場合は、所定労働時間を超えて労働させてはならないことを知っていますか
33	育児・介護のための時間外労働の制限・深夜業の制限	小学校就学前までの子を養育する労働者または要介護状態にある対象家族の介護を行う労働者が請求した場合は、1か月24時間、1年間150時間を超える時間外労働および午後10時から午前5時までの深夜労働をさせてはならないことを知っていますか
34	育児・介護のための短時間勤務等	事業主は、3歳に満たない子を養育する労働者が利用できる短時間勤務制度（1日の所定労働時間を6時間とする措置を含む制度）を設け、また要介護状態の対象家族の介護を行う労働者が利用できる短時間勤務等の措置（短時間勤務制度、フレックスタイム制、時差出勤の制度、介護サービスの費用の助成等の制度のうちいずれか1つ以上）を設けなければならないことを知っていますか

資　　料

資料3　労務リスクチェックシート

[チェックシート①] 労働基準法・労働契約法関係 ★は重要度を表す（5段階）	YES or NO	
1 ★★★★★ 労働条件通知書・労働契約書の記載内容		
チェック項目		
1	契約期間	☐	☐
2	就業場所	☐	☐
3	業務内容	☐	☐
4	始業・終業の時刻	☐	☐
5	時間外労働の有無	☐	☐
6	休憩時間	☐	☐
7	休日	☐	☐
8	休暇	☐	☐
9	賃金額または賃金決定方法	☐	☐
10	賃金の計算方法	☐	☐
11	締め・支払い方法（時期）	☐	☐
12	退職に関する事項	☐	☐
13	更新の有無・判断基準の明示	☐	☐
14	昇給・賞与・退職金の有無（パートタイマー）	☐	☐
15	雇い入れに関する書類を3年間保管している	☐	☐
2 ★★ 賃金台帳の法定記載事項		
16	氏名	☐	☐
17	性別	☐	☐
18	賃金計算期間	☐	☐

19	労働日数	☐	☐
20	労働時間数	☐	☐
21	時間外・休日・深夜労働時間数	☐	☐
22	基本給・手当額	☐	☐
23	賃金の一部控除額がある場合はその額	☐	☐
24	賃金台帳を3年間保管している	☐	☐
3 ★★ 労働者名簿			
25	氏名	☐	☐
26	生年月日	☐	☐
27	性別	☐	☐
28	住所	☐	☐
29	業務の種類	☐	☐
30	雇入れの年月日	☐	☐
31	解雇・退職・死亡の年月日	☐	☐
32	解雇・退職・死亡の事由または原因	☐	☐
33	職歴	☐	☐
34	労働者名簿を3年間保存している	☐	☐
4 ★★★★ 出勤簿			
35	自己申告制を採用し実態に合っている	☐	☐
36	タイムカードへの打刻方式または同内容で記録している	☐	☐
37	所定外勤務時間の勤務簿が別にあり適切に管理している	☐	☐
38	労働時間の管理・把握は適正である	☐	☐
39	出勤簿を3年間保存している	☐	☐

	5 ★★★★ 年次有給休暇		
40	取得・管理方法が整備されている	☐	☐
41	パートタイマーにも適正に付与されている	☐	☐
42	計画的付与を適正に行っている	☐	☐
43	有休消化を進める工夫がされている	☐	☐
44	有給付与時の賃金が明確化されている	☐	☐
	6 ★★★★★ 三六協定届		
45	「具体的事由」の記載は適正である	☐	☐
46	1日の延長時間を超えて残業させることはない	☐	☐
47	1か月の延長時間は限度時間内である	☐	☐
48	1年の延長時間は限度時間内である	☐	☐
49	1か月・1年の起算日は明記されてる	☐	☐
50	協定の有効期間は1年以内になっている	☐	☐
51	特別条項付きの協定届を適正に締結している	☐	☐
52	届出は有効期間開始前になされている	☐	☐
53	三六協定は事業場単位で締結されている	☐	☐
54	労働者の代表者は民主的に選任されている	☐	☐
55	協定内容は労働者に周知されている	☐	☐
	7 ★★★★ 変形労働時間		
56	1か月単位の変形労働時間制を適正に採用している	☐	☐
57	1年単位の変形労働時間制を適正に採用している	☐	☐
58	フレックスタイム制を適正に採用している	☐	☐

59	1週間単位の非定型的労働時間制を適正に採用している	☐	☐

8 ★★★★ 裁量労働（みなし労働時間）

60	事業場外みなし労働時間制を適正に採用している	☐	☐
61	専門業務型裁量労働制を適正に採用している	☐	☐
62	企画業務型裁量労働制を適正に採用している	☐	☐

9 ★★★★★ 割増賃金

63	分母（所得労働時間）の算出方法は適正である	☐	☐
64	算入基礎とすべき諸手当がすべて含まれる	☐	☐
65	労働時間計算の端数処理方法は適正である	☐	☐
66	労働時間に対する処理方法が適正である（1日および週の時間外の適正な処理）	☐	☐
67	時間外・休日・深夜労働等の割増率は適正である	☐	☐

10 ★★★★ 育児介護

68	育児・介護休業に関して制度化されている	☐	☐
69	育児・介護休業に関する規定がある	☐	☐
70	育児・介護休業の適用除外者は適法である	☐	☐
71	一定の場合には子が1歳6か月に達するまでの間、育児休業可能である	☐	☐
72	育児時短・介護時短制度は適正に整備されている	☐	☐
73	子の看護休暇・介護休暇制度が整備されている	☐	☐
74	出生時育休への対応が適正にとられている	☐	☐

11 ★★★ 休職

75	休職の事由が定められている	☐	☐

76	休職期間が明確になっている	☐	☐
77	復職時の取扱いが定められている	☐	☐
78	休職期間満了の際の取扱いが定められている	☐	☐
79	社会保険料の徴収方法が規定されている	☐	☐
12 ★★★ 人事異動			
80	会社が命じた人事異動は、原則として拒めない旨を定めてある	☐	☐
81	人事異動に関する誓約書をとっている	☐	☐
82	転籍の場合は、当該社員の同意を得ている	☐	☐
13 ★★★★ 退職			
83	退職の事由が規定されている	☐	☐
84	自己都合退職者からは退職届を必ず受け取っている	☐	☐
85	無断欠勤社員への取扱いが規定されている	☐	☐
86	退職者への機密情報・個人情報漏洩防止が規定されている	☐	☐
87	競業避止義務が規定されている	☐	☐
88	退職者から退職証明書の請求があった場合、必ず交付している	☐	☐
14 ★★★★★ 解雇・雇止め			
89	普通解雇の事由が規定されている	☐	☐
90	懲戒解雇の事由が規定されている	☐	☐
91	解雇予告または解雇予告手当の支払いは行っている	☐	☐
92	契約期間満了前に会社都合で契約を打ち切っていない	☐	☐
93	契約更新のある労働契約を打ち切る場合、30日以上前に予告している	☐	☐

[チェックシート②] 労働安全衛生法関係	YES or NO	

1 ★★ 衛生管理者

94	衛生管理者が選任されている（50人以上の事業場）	☐	☐
95	衛生管理者の人数は適正である	☐	☐
96	衛生管理者の役割は明確である	☐	☐
97	衛生管理者は週に一度以上事業場内の点検を行っている	☐	☐

2 ★★ 産業医

98	産業医を選任し報告している（50人以上の事業場）	☐	☐
99	毎月1回以上産業医による事業場内の巡視が行われている	☐	☐
100	健康管理および作業環境に関する指導助言が行われている	☐	☐
101	時間外労働が1か月100時間を超える場合、面接指導を行っている	☐	☐

3 ★★ 衛生委員会

102	衛生委員会を設置している	☐	☐
103	衛生委員会は毎月1回開催されている	☐	☐
104	衛生委員会のメンバーは適正である	☐	☐
105	衛生委員会での議事内容は記録され保管されている	☐	☐

4 ★★★★ 健康診断

106	雇入れ時の健康診断は適正に行われている	☐	☐
107	定期健康診断は適正に行われている	☐	☐
108	深夜業従事者には1年に2回健康診断が行われている	☐	☐
109	海外派遣者の健康診断は適正に行われている	☐	☐

110	健康診断内容はすべて具備されている	☐	☐
111	再検査等の受診指導が行われている	☐	☐
112	所見のあるものに対して産業医の意見を聴いている	☐	☐
113	個人票はプライバシー保護を考慮して保管されている	☐	☐
114	個人票は適正に保管されている（5年間）	☐	☐
115	健康診断結果報告は適正に行われている	☐	☐
116	報告は事業場ごとに行われている	☐	☐
[チェックシート③] 健康保険法・厚生年金保険法関係		YES or NO	
1 ★★★★ 加入要件			
117	社会保険の加入要件は適正である	☐	☐
118	加入要件どおりに該当者全員を加入させている	☐	☐
119	健康保険被扶養者を適正に加入させている	☐	☐
120	保険給付はもれなく申請している	☐	☐
121	パートタイマーについて加入対象者を適正に加入させている	☐	☐
2 ★★★★ 保険料			
122	標準報酬月額の決定・改正は適正に行われている	☐	☐
123	賞与支払届は適正に提出されている	☐	☐
124	育児休業に係る保険料免除届を適正に提出してる	☐	☐

資料4　給与規程（基本給支給細則）の調整例（抜粋）

		A社（買い手の会社）	B社（売り手の会社）
1	目的	本規程は、社員就業規則第○条の規定に基づき、従業員の給与に関する事項を定める。	この規程は、「就業規則」（以下規則という）第○条（給与）、第○条（退職金）、第○条（賞与）に基づき、社員の給与に関する基準ならびに手続を定めることを目的とする。
2	給与の種類	前条にいう給与とは、次の各号に掲げるとおりとする。 ①賃金 ②賞与 ③退職金 ④その他臨時に支払われるもの	この規定にいう給与は、次の通り分類する。 (1) 賃金 (2) 賞与 (3) 退職金
3	適用範囲	本規程は、社員就業規則第○条第○項に規定するパート社員を除く従業員について適用し、パート社員については、パート社員就業規則により定める。但し、従業員の中で本規程第○条第○項○号に該当する年俸制度適用社員については、年俸制度規程を適用する。	1. 給与は、職務遂行の実績、社業への貢献度及び責任の度合とに応じて決定し支払うことを原則とする。 2. 社員で管理職層にある者は、別に定める「年俸制給与規程」による。 3. 雇用の期間の定めある社員（契約社員）、定年者再雇用社員（高年齢者等の雇用の安定等に関する法律に基づく）、パートタイマー及び臨時雇は雇用契約書に定める。
4	賃金の原則	賃金は、職務および能力により決定する。	―
5	賃金の構成	賃金の構成は、次の各号に掲げるとおりとする。 ①正社員および準社員 ②契約社員・嘱託社員	賃金体系を次の通り定める。 賃金 　基準内賃金 　　基本給＝年齢給、資格給、職能給 　　諸手当：役職手当、営業手当、資格手当、特別手当、家族手当、住宅手当、転勤住宅手当、単身赴任手当、その他の手当 　基準外賃金：通勤手当、時間外及び休日割増賃金、その他の手当

新規程	売り手の会社への留意事項
本規程は、社員就業規則第〇条の規定に基づき、従業員の給与に関する事項を定める。	
前条にいう給与とは、次の各号に掲げるとおりとする。 ①賃金 ②賞与 ③退職金 ④その他臨時に支払われるもの	
本規程は、社員就業規則第〇条第〇項に規定するパート社員を除く従業員について適用し、パート社員については、パート社員就業規則により定める。 ただし、従業員の中で本規程第6条第1項第1号に該当する年俸制度適用社員については、年俸制度規程を適用する。	契約社員、嘱託社員（定年者再雇用社員）、パートタイマーについては雇用契約書によるものとされているので、実際に不利益変更にあたるのか確認できないため、個別に契約書を確認する。
賃金は、職務および能力により決定する。	
賃金の構成は、次の各号に掲げるとおりとする。 ①正社員および準社員 ②契約社員・嘱託社員	次の手当については、支給細則にて検討。 ・役職手当 ・営業手当 ・資格手当 ・特別手当 ・家族手当 ・住宅手当 ・単身赴任手当 ・その他の手当

		A社（買い手の会社）	B社（売り手の会社）
6	支払形態	1. 賃金の支払形態は、年俸制、日給月給制及び日給制の3形態を適用し、その適用者は次の各号に掲げるとおりとする。 ① 年俸制 　部長、室長、支店長、課長、チームリーダー、センター長、営業課長、スーパーバイザー及び正社員のうち会社に対象者として指定された者 ② 日給月給制 　正社員（年俸制を除く）、準社員、契約社員及び嘱託社員 ③ 日給制 　正社員、契約社員及び嘱託社員のうち休職、期間途中の入社及び退職等により5営業日以上勤務しなかった者 2. 前項において、日給月給制とは、賃金を月額によって定めたものであり、本人の都合によって欠勤したときに限り、本給を日割計算して減額するものをいう。 3. 第1項において、日給制とは、基準内賃金を日割計算した日給に出勤日数を乗じて支払うものをいう。	1. 給与は、職務遂行の実績、社業への貢献度及び責任の度合とに応じて決定し支払うことを原則とする。 2. 社員で管理職層にある者は、別に定める「年俸制給与規程」による。 3. 雇用期間の定めのある社員（契約社員）、定年者再雇用社員（高年齢者等の雇用の安定等に関する法律に基づく）、パートタイマー及び臨時雇は雇用契約書に定める。 1. 1か月の基準稼働日数を20日とする。したがって、この規定で定める日割計算の場合の日数は、原則として20日をもって算出する。 2. 1日の基準稼働時間を7.83時間とする。したがってこの規定で定める時間割計算の場合の時間数は、原則として7.83時間をもって算出する。 欠勤、遅刻、早退等による賃金を控除する場合において、賃金が月額をもって定められている場合の算出方法は次の通りとする。 控除額＝基礎賃金×1／20×1／7.83×時間数
7	計算期間	1. 賃金は、毎月1日から末日までをその計算期間とし、賃金計算期間の翌月の15日に支給する。 2. 前項において、15日が当会社の固定休日または金融機関の休業日に当たるときは、直前の当会社の就業日かつ金融機関営業日である日に支給する。	1. 賃金は毎月20日をもって締切り、前月21日より当月20日までの分（以下月度という）を当月の25日に支払うものとする。但し、25日が休日にあたるときは、その前日に支払う。 2. 勤怠は毎月10日をもって締切り、前月11日より当月10日までの分を当月の25日に支払う給与計算に反映させる。

新規程	売り手の会社への留意事項
1. 賃金の支払形態は、年俸制、日給月給制および日給制の3形態を適用し、その適用者は次の各号に掲げるとおりとする。 ① 年俸制 部長、室長、支店長、課長、チームリーダー、センター長、営業課長、スーパーバイザーおよび正社員のうち会社に対象者として指定された者 ② 日給月給制 正社員（年俸制を除く）、準社員、契約社員および嘱託社員） ③ 日給制 正社員、契約社員および嘱託社員のうち休職、期間途中の入社および退職等により5営業日以上勤務しなかった者 2. 前項において、日給月給制とは、賃金を月額によって定めたものであり、本人の都合によって欠勤したときに限り、本給を日割計算して減額するものをいう。 3. 第1項において、日給制とは、基準内賃金を日割計算した日給に出勤日数を乗じて支払うものをいう。	就業規則の改定により1年単位の変形労働時間制採用等、労働時間が変更されることになるが、日割計算の単価が下がるか否か（所定労働日数が変わるため）、確認。
1. 賃金は、毎月1日から末日までをその計算期間とし、賃金計算期間の翌月の15日に支給する。 2. 前項において、15日が当会社の固定休日または金融機関の休業日に当たるときは、直前の当会社の就業日かつ金融機関営業日である日に支給する。	賃金締切日、支払日の変更につき、従業員に対して可能な限り早い時期に書面説明および説明会を実施。特に、移行時については丁寧に説明。 また、変更時期を賞与支払月に合わせる、無利子の貸付等、従業員の生活設計への配慮措置も検討。

		A社（買い手の会社）	B社（売り手の会社）
8	支払方法および控除	賃金は、本人の同意を得て、本人名義の銀行預金口座に振込み、全額本人に支給する。ただし、次の各号の一に掲げるものは、賃金より控除することがある。 ①法令により控除することを定められたもの ②過半数を代表する労働組合の代表者と、その控除を書面により協定されたもの	賃金は全額通貨または銀行振込み等により直接従業員にその内訳を示して支払うものとする。 賃金の支払に際しては、次のものを控除する。 所得税、地方税、健康保険料、厚生年金保険料、雇用保険料、その他法令に定められたものおよび労働組合と協定したもの。
9	基本給	基本給は、各人の職務能力によって設定した職能資格に基づいて定める。	賃金体系を次の通り定める。 賃金 基準内賃金 基本給＝年齢給、資格給、職能給 社員の基本給は月額制とする。 基本給を月額で定めた者については、1か月の就業に対し、日額で定めた者については、1日の所定就業時間の就業に対し、時給で定めた者については、1時間の就業に対してそれぞれ支給する。 月の途中で身分変更又は昇給した場合、基本給が月額であるときは、その月の基本給は原則として、辞令日付の当月度より新しく適用される基本給で支給する。 月の中途で入社、退社又は休職、復職した場合の基本給の計算は日割計算とする。
10	職務手当	職務手当は、その従事する業務の性質上、作業の方法、時間の配分等を各人の裁量に委ねる必要のある業務に従事する者に対して、所定労働時間外勤務に充当させる「残業見合い給与」として毎月定額支給する。	割増賃金支給対象者は、一般職の社員とする。 但し、営業手当の支給を受ける者で、所定労働時間を超える勤務のうち1か月あたり20時間を超えない分については割増賃金を支給しない。

新規程	売り手の会社への留意事項
賃金は、本人の同意を得て、本人名義の銀行預金口座に振込み、全額本人に支給する。ただし、次の各号の一に掲げるものは、賃金より控除することがある。 ①法令により控除することを定められたもの ②過半数を代表する労働組合の代表者と、その控除を書面により協定されたもの	労使協定を締結し、賃金から控除しているものの確認。
基本給は、各人の職務能力によって設定した職能資格に基づいて定める。	基本給支給細則にて再検討。
職務手当は、その従事する業務の性質上、作業の方法、時間の配分等を各人の裁量に委ねる必要のある業務に従事する者に対して、所定労働時間外勤務に充当させる「残業見合い給与」として毎月定額支給する。	営業手当（定額残業手当）の支給対象となっている従業員はいるか確認。 営業手当支給細則にて再検討。

資料5　一般的な企業の諸規程

買い手の会社	対照関係	売り手の会社
規程・規則	⇄	規程・規則
定款	⇄	定款
取締役会規程	⇄	取締役会規程
株式取扱規程	⇄	株式取扱規程
内部統制システム基本方針		
組織規程	⇄	組織規程
業務分掌規程	⇄	業務分掌規程
職務権限規程	⇄	権限規程
職務権限一覧表	⇄	職位規程
稟議規程	⇄	稟議規程
規程管理規程	⇄	規程管理規程
規程管理規程別表2		
内部監査規程	⇄	内部監査規程
関係会社管理規程	⇄	関係会社管理規程
監査役会規程	⇄	監査役会規程　⇒　廃止
監査役監査基準		
委員会等取扱規則		
内部統制基本規程	⇄	財務報告に係る内部統制基本規程
社員就業規則	⇄	就業規則
契約社員就業規則		
嘱託社員就業規則		
パート社員就業規則		
給与規程	⇄	基本給支給細則
給与規程	⇄	役職手当支給細則
給与規程	⇄	営業手当支給細則
給与規程	⇄	家族手当支給細則
給与規程	⇄	住宅手当支給細則

資　　料

給与規程	⇄	通勤手当支給細則
給与規程	⇄	公的資格手当支給規程
給与規程	⇄	公的資格手当支給規程に定める公的資格の選定細則
給与規程	⇄	給与規程
退職金規程	⇄	退職金支給規程
年俸制度規程	⇄	年俸制給与規程
海外勤務規程	⇄	海外駐在規程
国内出張旅費規程	⇄	国内出張旅費規程
海外出張旅費規程	⇄	国外出張旅費規程
転勤等取扱規則	⇄	転勤に伴う社宅および諸手当支給細則
出向規程	⇄	出向および派遣者取扱規程
社員慶弔基準	⇄	慶弔見舞給付金取扱規程
表彰懲戒規則	⇄	表彰規程
賞罰委員会運用マニュアル v3		
弔慰金・見舞金規程	⇄	慶弔見舞給付金取扱規程
災害見舞金支給規則		
災害補償規程		
育児休業等取扱規則	⇄	育児休業等に関する規程
介護休業等取扱規則	⇄	介護休業等に関する規程
制服貸与取扱細則		
職能資格制度規程	⇄	資格制度実施細則
職能資格制度規程別表①	⇄	昇格試験実施細則
資格ランク	⇄	資格等級の昇格者に対する昇給等の取扱細則
職務発明等取扱規則	⇄	発明考案取扱規程
クラブ活動規則		
マイカー通勤規則	⇄	社員通勤車両管理要領
顧問規程	⇄	顧問規程
役員海外出張旅費		

役員国内出張旅費	⇄	役員国内出張旅費規程
役員退職慰労金支給規程	⇄	役員退職慰労金規程
人事考課規程	⇄	人事考課規程
評価得点基準表		
採用基準		
単身赴任取扱細則	⇄	単身赴任手当支給細則
社内公募制度取扱細則		
在宅勤務取扱細則		
社有施設取扱規程		
文書管理規程	⇄	文書管理規程
印章管理規程	⇄	印章管理規程
固定資産管理規程	⇄	固定資産管理規程
内部情報管理規程	⇄	インサイダー取引管理規程
個人情報保護基本規則	⇄	特定個人情報取扱規程
パソコンネットワーク管理規則		
電子メール利用管理規則	⇄	情報システム管理者細則
電子メール利用管理規則	⇄	情報端末セキュリティ管理要領
電子メール利用管理規則	⇄	情報セキュリティポリシー
経理規程	⇄	経理規程
勘定科目細則	⇄	勘定科目取扱要領
決算実施要領		
棚卸資産管理規程	⇄	棚卸資産管理規程
棚卸実施要領	⇄	棚卸実施要領
予算管理規程	⇄	予算管理規程
有価証券運用管理規程	⇄	有価証券管理規程
資金管理規程	⇄	資金管理事務処理規程
為替管理規程		
為替管理規程別紙		
金銭出納取扱規程	⇄	金銭出納管理規程

資　　料

販売管理規程	⇄	販売管理規程
与信管理規程	⇄	与信管理規程
製品サンプル管理要領		
社用車両管理規則	⇄	車両管理規程
購買管理規程	⇄	購買外注管理規程
外注管理規程	⇄	
廃棄稟議規程	⇄	過剰在庫処理要領（フロー）
コンプライアンス運用マニュアル		
コンプライアンス運用マニュアル（子会社）		
コンプライアンス規程	⇄	コンプライアンス規程
公益通報者保護規則運用マニュアル		
公益通報者保護規則	⇄	内部公益通報者保護規程
反社会的勢力対応マニュアル	⇄	反社会勢力属性チェック実施要領
情報システム管理規則	⇄	情報システム管理細則
重大不具合対応規程		
秘密情報管理基本規程	⇄	企業秘密管理規程
ストレスチェック実施規規程	⇄	ストレスチェック制度実施規程
		発明考案取扱規程の運用基準
		リスク管理規程
		企業年金規約
		社員労働災害見舞金給付規程
		社員労働災害特別付加給付支給規程
		社員通勤災害特別付加給付支給規程
		母性健康管理の措置に関する規程
		役職定年に関する取扱規程
		定年者再雇用取扱い規程
		奨学金制度実施規程
		社章管理規程

		安全衛生委員会規程
		安全衛生委員会運営要領
		自衛消防隊活動要領
		電気通信関連作業安全規程
		電気通信関連作業安全規程等実施要領
		電気通信関連作業安全基準
		持家融資制度規程
		財産形成貯蓄規程
		貸付金規程
		契約書一元化管理要領
		事故管理規程
		提案取扱要領
		交際費管理要領
		工事管理規程
		携帯電話貸与規程
		タクシー使用規程
		経理処理規程
		口座管理規程
		リース（レンタル）資産管理規程
		原価計算規程
		余資金運用管理規程
		商品登録規程
		商品登録書作成基準
		社内発注要領
		商品 製造・販売中止処理要領（フロー）
		取締役会規程
		監査役会規程
		株式取扱規程
		役員の定年に関する規程

著者プロフィール

佐藤　広一（さとう　ひろかず）

特定社会保険労務士、HRプラス社会保険労務士法人 代表社員

「HRに安心、情報、ソリューションをプラスする」をコンセプトに、人事パーソンにコミットした人事労務相談を主軸に人事労務コンサルティングを展開している。特にIPO、M&Aシーンでの人事労務デューデリジェンス・PMI（統合プロセス）に定評があるほか、就業規則の翻訳を含めた海外労務にも精通している。また、プライム市場およびグロース市場の上場企業の取締役、監査役を現任するなど、ボードメンバーの立場からも人事労務コンプライアンスに携わっている。

著書に、『泣きたくないなら労働法』光文社、『図解でハッキリわかる労働時間・休日・休暇の実務』、『「働き方改革関連法」企業対応と運用の実務がわかる本』以上、日本実業出版社、『管理職になるときこれだけは知っておきたい労務管理』アニモ出版など30冊ある。また、マスコミ・メディア取材、新聞・雑誌への寄稿も積極的に行っており、TBSドラマ『逃げるは恥だが役に立つ』、日本テレビ『ダンダリン』等のドラマの監修も手掛ける。その他、SMBCコンサルティング、労政時報、日本能率協会など全国各地で多数の講演を行っている。

URL　https://ssl.officesato.jp/

Ｍ＆Ａと統合プロセス　人事労務ガイドブック

2019年　9月17日　初版
2023年　4月25日　初版2刷

著　　者　　特定社会保険労務士　佐藤　広一

発 行 所　　株式会社労働新聞社
　　　　　　〒173-0022　東京都板橋区仲町29-9
　　　　　　TEL：03-5926-6888（出版）　03-3956-3151（代表）
　　　　　　FAX：03-5926-3180（出版）　03-3956-1611（代表）
　　　　　　https://www.rodo.co.jp　　pub@rodo.co.jp

表　　紙　　オムロプリント株式会社
印　　刷　　株式会社ビーワイエス

ISBN 978-4-89761-777-0

落丁・乱丁はお取替えいたします。
本書の一部あるいは全部について著作者から文書による承諾を得ずに無断で転載・複写・複製することは、著作権法上での例外を除き禁じられています。